PSICOTERAPIA
PSICODRAMÁTICA
COM CRIANÇAS

CIP-BRASIL. CATALOGAÇÃO NA PUBLICAÇÃO
SINDICATO NACIONAL DOS EDITORES DE LIVROS, RJ

F515p

Filipini, Rosalba
  Psicoterapia psicodramática com crianças: uma proposta socionômica / Rosalba Filipini. – 1. ed. – São Paulo : Ágora, 2014.

Inclui bibliografia.
ISBN: 978-85-7183-144-5

1. Psicologia. 2. Psicodrama. I. Título.

14-08781
CDD: 616.891523
CDU: 616.8

www.editoraagora.com.br

EDITORA AFILIADA

Compre em lugar de fotocopiar.
Cada real que você dá por um livro recompensa seus autores
e os convida a produzir mais sobre o tema;
incentiva seus editores a encomendar, traduzir e publicar
outras obras sobre o assunto;
e paga aos livreiros por estocar e levar até você livros
para a sua informação e o seu entretenimento.
Cada real que você dá pela fotocópia não autorizada de um livro
financia o crime
e ajuda a matar a produção intelectual de seu país.

www.gruposummus.com.br

IMPRESSO NA
sumago gráfica editorial ltda
rua itauna, 789   vila maria
02111-031   são paulo   sp
tel e fax 11 **2955 5636**
sumago@sumago.com.br

G R Á F I C A
sumago

PSICOTERAPIA PSICODRAMÁTICA COM CRIANÇAS
...
UMA PROPOSTA SOCIONÔMICA

Rosalba Filipini

EDITORA
ÁGORA

PSICOTERAPIA PSICODRAMÁTICA COM CRIANÇAS
Uma proposta socionômica
Copyright © 2014 by Rosalba Filipini
Direitos desta edição reservados por Summus Editorial

Editora executiva: **Soraia Bini Cury**
Editora assistente: **Salete Del Guerra**
Projeto gráfico: **Alberto Mateus**
Diagramação: **Crayon Editorial**
Capa: **Alberto Mateus**
Imagem de capa: **iStockphoto**
Impressão: **Sumago Gráfica Editorial**

Editora Ágora
Departamento editorial
Rua Itapicuru, 613 – 7º andar
05006-000 – São Paulo – SP
Fone: (11) 3872-3322
Fax: (11) 3872-7476
http://www.editoraagora.com.br
e-mail: agora@editoraagora.com.br

Atendimento ao consumidor
Summus Editorial
Fone: (11) 3865-9890

Vendas por atacado
Fone: (11) 3873-8638
Fax: (11) 3873-7085
e-mail: vendas@summus.com.br

Impresso no Brasil

A Julia e Henrique, sempre.
Às crianças e a seus familiares
pela confiança e por me
ensinarem a ser psicoterapeuta.

Sumário

Prefácio 9
Apresentação 13

Parte I – Psicoterapia e Psicodrama 17
1 Psicoterapia 19
   A psicoterapia a partir do século 20 20
   Psicoterapia com crianças: as primeiras contribuições . . 21
   Psicoterapia no Brasil 23
2 Psicodrama: a estrutura da teoria psicodramática . . . 27
   Psicoterapia e psicodrama 27
   Moreno, sua relação com as crianças e a
   construção da teoria socionômica 29
   Conceitos da teoria socionômica –
   Visão moreniana de homem 30
3 Psicoterapia psicodramática com crianças 37
   Jacob Levy e Zerka Moreno:
   contribuições ao psicodrama com crianças 37
   O psicodrama com crianças no Brasil 43

Parte II – A estrutura da prática da
Psicoterapia Psicodramática com crianças 49
4 Os contextos 51
   Os contextos social, grupal e dramático 52

5 No contexto social 57

Indicação .57

A sala de atendimento e os materiais. 59

Contrato de trabalho 62

Com os pais 62

Com a criança 63

6 Os instrumentos do psicodrama 67

Cenário, protagonista, diretor, ego-auxiliar e plateia . . .67

Cenário. 67

Protagonista 69

O brincar infantil 70

Diretor e ego-auxiliar 73

Plateia .75

7 Início do trabalho psicoterápico 77

As primeiras sessões 77

As primeiras sessões com crianças. 78

As primeiras sessões com os cuidadores. 82

8 Etapas da sessão psicodramática 85

Aquecimento 85

Dramatização: uso e função
das técnicas psicodramáticas 94

Compartilhar 137

Referências bibliográficas 143

Prefácio

APRESENTAR UM LIVRO É sempre uma comemoração. Apresentar o *Psicoterapia psicodramática com crianças: uma proposta socionômica* é um prazer redobrado porque significa o esforço (também redobrado) da autora, que foi capaz de adaptar o texto de sua tese de doutorado a um público mais amplo – trabalho nem sempre simples de ser realizado. A academia tem normas próprias que, na maioria das vezes, tornam árdua, ou até extenuante, a leitura de sua produção por alguém fora de seus muros. Mas acredito que Rosalba tenha conseguido fazer a transposição e a parabenizo pelo sucesso, pois seu livro é necessário.

O psicodrama vem sendo cada vez mais conhecido e praticado, não só como intervenção psicoterapêutica, mas também no contexto preventivo e de promoção à saúde. Por ser um trabalho ativo e performático, mostra-se particularmente adequado ao atendimento de crianças. No entanto, ante a crescente publicação de livros sobre os mais diversos temas psicodramáticos, encontramos um completo silêncio sobre a psicoterapia infantil.

Atender crianças traz desafios técnicos e pessoais. O conhecimento da teoria não é suficiente. Há armadilhas a cada esquina, a começar por quem é o cliente, dado que não é ele quem busca o atendimento, como no caso dos adultos, mas a família da criança. Família essa que não é simbólica, aquela trazida pela memória e fantasias do cliente, mas real – e está logo ali, na sala de espera. Quem atendemos? Com quem falamos? Como lidar com o sigilo?

O terapeuta de crianças atua em um contexto complexo que inclui, no mínimo, a família e a escola, quando não outros profissionais como fonoaudiólogos, psicopedagogos – o que implica um enquadre particular e uma tomada de decisões fundamentadas em conhecimentos dos processos de desenvolvimento humano. O terapeuta infantil, mais do que qualquer outro, tem como matéria-prima o vir a ser.

Psicoterapia psicodramática com crianças: uma proposta socionômica, então, é um livro que aborda o psicodrama com crianças de maneira didática, profunda e precisa, apresentando muito mais do que as técnicas mais ou menos adequadas ao atendimento infantil. O livro cobre um escopo teórico extenso, iniciando com o surgimento da psicoterapia infantil no mundo e no Brasil e inserindo o psicodrama nesse processo. Em seguida, introduz a teoria psicodramática e seu arcabouço teórico e técnico.

Defendo a posição da autora de que a teoria de Moreno é suficiente para fundamentar a ação com crianças. Na obra, a teoria é aperfeiçoada e seus fundamentos organizados para aqueles que, mesmo especialistas, precisam compreender as particularidades do tratamento infantil.

É na segunda parte do livro que considero residir a maior contribuição da autora. Terapeuta infantil experiente e criativa, Rosalba compartilha seu conhecimento, permitindo ao leitor ter acesso a todo o processo de atendimento. Trata de temas comuns na prática, mas pouco encontrados em livros e artigos, como o contexto, a sala, os brinquedos, a lógica de uma sessão, as ações com os pais, apresentando casos e refletindo sobre alternativas que, acredito, levarão muitos a se apaixonar pelo trabalho com crianças.

É um livro destinado a diversos públicos: os psicoterapeutas infantis e os psicodramatistas, como um todo. Nele, encontrarão informações e temas de reflexão tanto o estudante quanto o profissional que deseja aprimorar seus conceitos e sua prática. Livro necessário, volto a afirmar.

PROFA. DRA. ROSANE MANTILLA DE SOUZA

PROFESSORA TITULAR DO PROGRAMA DE ESTUDOS

PÓS-GRADUADOS EM PSICOLOGIA CLÍNICA

PONTIFÍCIA UNIVERSIDADE CATÓLICA DE SÃO PAULO

Apresentação

ROSALBA E EU trabalhamos juntas em muitos projetos, no consultório, no curso de Formação em Psicodrama, no curso de Psicologia da Faculdade de Ciências Humanas e da Saúde da PUC-SP, apresentando trabalhos em congressos, na direção de sessões abertas de psicodrama. Sendo assim, posso apresentar com tranquilidade esta profissional que admiro.

Sempre considerei que atender crianças exige uma entrega diferente da que temos atendendo adultos – passar pela porta aberta de sua sala e ver o sofá literalmente virado na vertical me confirma esse fato. A disponibilidade de Rosalba em acolher as brincadeiras propostas por seus clientes e a abertura para recebê-los sempre me encantaram. Ela mesma fala de suas brincadeiras de criança e de sua capacidade de seguir brincando. Nós, adultos, tendemos a levar a vida a sério e excluir o brincar dessa forma de ver a vida; mesmo os terapeutas, que sabem da importância da prática, nem sempre se sentem confortáveis no papel de quem brinca junto com a criança. Rosalba parece transitar com facilidade pelo atendimento de pacientes adultos e crianças, que frequentam seu consultório e transformam sua sala no palco de inúmeras cenas.

Sabemos que o atendimento de crianças não se limita aos encontros com elas: exigem sessões vinculares com os pais, irmãos, outros parentes, contato com as escolas – e ela se dispõe a isso de forma incansável. A terapeuta não se prende a padrões preestabelecidos e inclui nos atendimentos os atores que interferem nas cenas de seus pequenos clientes, para que se tornem protagonistas de seu tratamento e não apenas pacientes que se submetem a um procedimento que não entendem.

Como orientadora do curso de formação, empenha-se em dar aos alunos uma aula organizada e uma supervisão que acolha com tranquilidade as dificuldades. Muitas vezes, quando ainda não era professora, convidei-a para falar sobre psicodrama infantil e criar nos educandos não só interesse pelo tema, mas uma melhor compreensão do que é ser psicodramatista.

Em todos os momentos que trabalhamos juntas, pude contar com uma ótima parceria que me desafiava a discutir o psicodrama e a aprender novas formas de atender.

Sua entrada nos meios acadêmicos se mostrou frutífera para alunos e para a equipe de psicodramatistas da faculdade. Como professora de Psicodrama, tanto na Universidade quanto em diferentes cursos de especialização, sempre senti falta de um livro sobre a prática infantil, que discutisse profundamente o atendimento psicodramático de crianças, mas não se valesse de outras teorias para explicar ou compreender essa abordagem. Sem depreciar correlações que considero interessantes e ampliam nossa forma de ver o humano, em qualquer idade, achava que se poderia escrever sobre psicodrama infantil sem recorrer a esses artifícios. Assim que soube da proposta de doutorado de Rosalba, tornei-me sua incentivadora.

O resultado é este livro, que vi gestar e escrever. Rosalba mostra, sem reservas, sua forma de trabalhar e discute por que e para que a faz; mostra a psicodramatista que é, com exemplos claros de sua prática.

Diz-se que um doutorado acaba por si só – a gente apenas põe o ponto-final. Considero que, para o momento, este livro se mostrou uma obra bem-acabada, a qual, com muita honra, fui convidada a apresentar.

PROFª. DRA. MARCIA ALMEIDA BATISTA

DIRETORA DA FACULDADE DE CIÊNCIAS HUMANAS E

DA SAÚDE E PROFESSORA DO CURSO DE PSICOLOGIA DA

PONTIFÍCIA UNIVERSIDADE CATÓLICA DE SÃO PAULO

PARTE I – PSICOTERAPIA E PSICODRAMA

1 Psicoterapia

PSICOTERAPIA É UMA prática que se desenvolveu ao longo da história da saúde mental. Entre as instituições que se encarregam de organizar, difundir e sistematizar a prática psicoterápica, destacam-se a American Psychological Association (APA), e o Conselho Federal de Psicologia do Brasil (CFP). Segundo a APA (2010, p. 765), psicoterapia é

> Qualquer serviço psicológico fornecido por um profissional treinado que usa principalmente formas de comunicação e interação para avaliar, diagnosticar e tratar reações emocionais, formas de pensamento e padrões de comportamento disfuncionais de um indivíduo, uma família ou um grupo.

Já de acordo com o CFP (2009, p. 17-8), psicoterapia é uma

> prática do psicólogo, por se constituir, técnica e conceitualmente, um processo científico de compreensão, análise e intervenção que se realiza através da aplicação sistematizada e controlada de métodos e técnicas psicológicas reconhecidas pela ciência, pela prática, pela ética profissional, promovendo a saúde mental e proporcionando condições para o enfrentamento de conflitos e/ou transtornos psíquicos de indivíduos ou grupos.

Considerando as definições mencionadas, bem como as revisões históricas de artigos sobre o tema (Teixeira e Nunes, 2001; Rodegheri, 2011) e o conceito de psicoterapia para outros autores

(Myra y López, 1967; Chazaud, 1977; Malan, 1983; Ribeiro, 1986; Naffah, 1982, 1994; Porchat, 1999), é possível inferir que a prática psicoterápica visa, de maneira geral, auxiliar pessoas que apresentem algum conflito ou transtorno psíquico, em graus variados. O empenho e o compromisso dos envolvidos levam, gradativamente, o paciente a se reorganizar tanto no aspecto intrapsíquico como no inter-relacional. As práticas psicoterápicas não têm o objetivo de mudar o mundo ou adaptar o sujeito a ele, e sim torná-lo apto a viver no seu, na sua realidade e contexto sócio-histórico; o propósito é capacitar o indivíduo a fazer escolhas e responsabilizar-se por elas, desenvolver recursos e aprofundar o próprio conhecimento.

A aplicação da psicoterapia não se diferencia em função das faixas etárias. No entanto, toda criança depende de seus cuidadores para a decisão sobre o tratamento e para o bom andamento do processo psicoterápico; é necessário o compromisso da criança e, mais ainda, de seus responsáveis.

A psicoterapia a partir do século 20

A PSICANÁLISE ERA A prática preponderante no início do século 20, e é principalmente por meio dela que a psicoterapia se insere no campo da saúde mental. Ela estava associada à medicina e tinha como objetivo, além de curar os sintomas, a reestruturação da personalidade e do modo de viver do indivíduo, evitando novas desadaptações. A linha divisória entre a cura e a profilaxia era tênue: tínhamos uma psicoterapia retificadora e uma profilaxia associada à prevenção dos problemas psíquicos (Rodegheri, 2011). Outra característica da ação psicoterápica do período é que o saber se concentrava no médico ou no psicoterapeuta, cabendo ao paciente uma postura de entrega aos cuidados do profissional, com passividade e submissão. Essa visão era centrada no indivíduo e nos fenômenos intrapsíquicos. Nesse período, Jacob Levy Moreno criava as bases do psicodrama. Em 1921, o autor alterou a perspectiva do psicodrama, focando-o nas relações interpessoais e na concepção de homem inserto e atuante na sociedade. Temos aqui a distinção do foco entre o aspecto intrapsíquico e o aspecto inter-relacional, que impactam na postura do psicoterapeuta. No psicodrama, o saber não se concentra mais exclusivamente no psicoterapeuta e o paciente assume uma postura ativa durante o trabalho.

Psicoterapia com crianças: as primeiras contribuições

No INÍCIO DO SÉCULO 20, mesmo período em que a psicanálise era a referência no tratamento da saúde mental, a importância da criança aumentou, pois, além de a infância ser uma das fontes de dificuldades vividas na fase adulta, ela própria passou a ser vista como um ser analisável. Sigmund Freud, em 1909, tratou uma criança por meio do pai, um dos membros de seu *grupo de estudos da quarta-feira*. A análise do menino Hans, de 5 anos, que desenvolvera fobia a cavalos, é tida como marco inicial da psicanálise infantil e, consequentemente, da psicoterapia infantil (Freud, 1909).

A primeira referência histórica ao uso da psicanálise em crianças é de Hermine von Hug-Hellmuth (Boukobza, 1993), já que Freud tratou apenas do menino Hans. Em 1915, Hermine aplicou as teorias de Freud no atendimento a crianças e adolescentes; ela também era responsável por uma coluna permanente na revista de psicanálise *Imago*, intitulada "Da verdadeira essência da alma infantil". Hermine trouxe enormes contribuições à psicanálise e apresentou no Congresso Psicanalítico de Haia, em 1921, o texto "Da técnica da análise de criança", no qual abordou temas essenciais e atuais referentes à importância de não cometer abusos, evitar sugestões e garantir a confiança da criança num trabalho psicoterápico. Ela considerava a existência das transferências positiva e negativa e a necessidade de seus manejos para favorecer o trabalho clínico. Além disso, valorizava a utilização de brincadeiras e da ação simbólica como forma de permitir a descoberta dos sintomas e dos problemas da criança (Avellar, 2001).

Em 1924, Anna Freud sucedeu Hermine no Centro de Consultas Pedagógicas do Ambulatório da Sociedade de Viena. Segundo ela, o processo psicoterápico implicava um esforço do terapeuta em ganhar afeição e cooperação da criança, sendo o seu papel também o de educador (Freud, 1971). Fazia parte do processo a remoção de obstáculos situados no caminho do desenvolvimento normal da criança; os efeitos terapêuticos eram uma mudança no equilíbrio de forças entre id, ego e superego, um aumento de tolerância recíproca entre as finalidades de cada um e, com isso, uma harmonia maior entre eles. Para Anna, interpretar os sonhos e brincar eram técnicas secundárias.

Para Melanie Klein (1969), o tratamento psicoterápico visava ajudar o paciente a ficar menos enraizado na posição esquizoparanoide, menos dominado por processos de cisão e a situar-se mais firmemente no caminho da integração e do aumento da capacidade de se interessar e se relacionar positivamente. A proposta do manejo analítico é a da transferência, seja ela positiva ou negativa, e da investigação até sua fonte (considerada o

Édipo). Para tanto, utilizava o brinquedo como forma de acesso ao inconsciente da criança e à interpretação.

As controvérsias entre Anna Freud e Melanie Klein possibilitaram que a psicanálise infantil ganhasse destaque no meio científico e se desenvolvesse; suas obras foram construídas, no início, uma contra a outra e estabeleceram, ao mesmo tempo, oposições e apoios.

Psicoterapia no Brasil

As PRIMEIRAS INFORMAÇÕES SOBRE psicoterapia no Brasil datam do início da década de 1900 e trazem temas relacionados com uma psicologia voltada à fisiologia e à psiquiatria médica (Rodegheri, 2011). A psicoterapia tinha, exclusivamente, a função de auxiliar nos procedimentos médicos.

No campo do tratamento infantil, até os anos 1950 a prevalência era de trabalhos de orientação psicanalista.

O período entre o final dos anos 1950 e o início dos 1960 foi marcado pela implantação de clínicas psicológicas vinculadas a instituições de ensino. Em 24 de agosto de 1959 foi inaugurada a clínica psicológica do Instituto de Psicologia da Pontifícia Universidade Católica de São Paulo (IPPUC-SP), dirigida por Ana Maria Poppovic. A sua contribuição para a psicoterapia infantil é importante, pois ela realizou grande atividade clínica e de pesquisa voltadas à psicologia e à educação. Os objetivos da clínica na época eram restritos, mas havia três finalidades básicas: ensino, pesquisa e prestação de serviços (Pereira Rojas Boccalandro e Queiroz Pérez-Ramos, 2004).

Em 1960 foi inaugurada a Clínica Psicológica Prof. Durval Marcondes, vinculada hoje ao Departamento de Psicologia

Clínica do Instituto de Psicologia da Universidade de São Paulo. O histórico dessa clínica remonta ao ano de 1953, quando foi criado o primeiro Curso de Especialização em Psicologia Clínica na então Faculdade de Filosofia, Ciências e Letras da USP. A clínica da USP tinha os mesmos objetivos da clínica da PUC, ou seja, ensino, pesquisa e prestação de serviços à comunidade.

Na mesma década de 1960 ocorreram mudanças nas intervenções em saúde mental em todo o mundo – esse período é um marco na história da psicoterapia. Na Itália, o movimento antimanicomial foi iniciado e com ele se ampliaram as visões de homem e de sua relação com o mundo (Rodegheri, 2011). Segundo a pesquisadora, com essa abertura e questionamento aos modelos anteriores de atendimento na psiquiatria e psicologia, floresceram outras abordagens que consideravam o homem inserto em seu contexto histórico, buscando compreendê-lo em constante interação com a construção social.

No Brasil, em 1962, houve a promulgação da Lei nº 4.119, a qual regulamenta a profissão de psicólogo e os cursos de Psicologia no Brasil. Esse fato favoreceu o percurso da psicoterapia no país, pois ele abriu a possibilidade de institucionalização da profissão e criou mais condições para a formação e o exercício dessa abordagem.

Na psicoterapia infantil, algumas intervenções diferentes do modelo psicanalítico tradicional começaram a apontar, tais como a psicoterapia breve com crianças.

Em 1976, Célia Maria Sodré Dória, a Madre Cristina, fundou o Instituto Sedes Sapientiae, primeiro instituto brasileiro voltado à formação em Psicoterapia. No contexto sociopolítico que permeava o Brasil nos anos 1970, o engajamento de Madre Cristina nas questões humanitárias fez que o Instituto Sedes

Sapientiae não se vinculasse ao Ministério da Educação e Cultura do Brasil, o MEC. O objetivo era defender sua liberdade de pensamento e ideologia política. Assim, a finalidade do Instituto de oferecer melhores condições de desenvolvimento e transformação do ser humano, tanto pelo ensino quanto por ações sociais ou por lutas políticas, permaneceu. A psicoterapia com crianças era um dos trabalhos da clínica e assim continua até a atualidade.

2 Psicodrama: a estrutura da teoria psicodramática

Psicoterapia e psicodrama

COM O FLORESCIMENTO de outras abordagens e da visão de homem sócio-histórico, o psicodrama se ampliou entre as práticas psicoterápicas brasileiras. E foi nas décadas de 1970 e 1990, com a inserção da psicologia no campo da saúde pública no Brasil, que novas formas de psicoterapia alcançaram destaque. Em 1970 ocorreu o Congresso de Psicodrama no Museu de Arte de São Paulo (Masp), marco histórico do psicodrama no Brasil.

Na época, o aprofundamento das práticas era permeado pelo novo olhar e pelo compromisso com o momento histórico, social e político: é nesse prisma que se fundamentam o psicodrama e sua prática psicoterápica. A prática psicodramática pressupõe o entendimento de homem inserto numa sociedade, em que o *Eu* se constitui por meio das relações (Moreno, 1975).

Para trabalhar terapeuticamente, Moreno criou uma estrutura e conceitos que ficaram conhecidos como o "tripé" da prática psicodramática: contextos, etapas e instrumentos. O processamento de uma sessão baseia-se na leitura e compreensão desses elementos – ou seja, identificar o contexto social, grupal e terapêutico; seguir as etapas de aquecimento, dramatização e o compartilhar; e utilizar-se dos instrumentos cenário, diretor, ego-auxiliar, protagonista e público (Moreno, 1972, 1975, 1999). Para tanto, o autor desenvolveu técnicas que são utilizadas no percurso do trabalho e, ainda hoje, ensinadas na maioria das escolas e utilizadas pelos psicodramatistas, seja nas suas modalidades individual ou grupal, terapêutica ou socioeducacional.

Jacob Levy Moreno constrói sua obra ao longo da vida, baseando-se inclusive em experiências pessoais que levaram ao desenvolvimento de conceitos fundamentais de sua teoria: espontaneidade e criatividade. O autor compreende o homem de maneira otimista, pois se refere a ele como um "gênio em potencial". O homem moreniano é dotado de aspectos muito positivos, o que não significa que não sofra ou não adoeça; constituído por papéis sociais, vive no entrelaçamento de relações sustentadas por uma cultura que contém normas, valores – nem sempre favoráveis. O homem moreniano apresenta seu *drama*, que contém seus conflitos e contradições inerentes: são papéis exigidos (e não atuados) por forças que se sobrepõem e impedem ou dificultam o desenvolvimento. A psicoterapia psicodramática busca revelar esse *drama*.

Entre as definições de psicodrama na obra de Moreno, destaco tratar-se de um método de ação profunda, que lida com as relações interpessoais e as ideologias particulares; ou, ainda, um método que penetra na verdade da alma por meio da ação (Moreno, 1975). No processo de criação do psicodrama, o autor trata de ideias de coparticipação, complementaridade e interdependência total entre todos os seres, cada um sendo um cocriador do/no universo (Moreno, 1975, 1983, 1999). Considerar a construção do saber de forma conjunta é um diferencial entre a obra de Moreno e as que têm como foco o intrapsíquico; sua história pessoal e profissional é impulsionada pelo grupo e pelas relações interpessoais.

Moreno, sua relação com as crianças e a construção da teoria socionômica

O INÍCIO DA CONSTRUÇÃO de sua obra data desde a juventude e está relacionado com experiências pessoais. Em 1908, no parque público Augarten (Viena, Áustria), ele contava histórias a crianças – e por meio delas foi delineando sua compreensão do homem e criando os conceitos básicos de sua teoria. Os registros sobre as contações de histórias retratam especialmente o clima afetivo que permeava esse contato, e também o poder da espontaneidade e da criatividade, conceitos fundamentais de suas ideias (Moreno, 1975). O autor explorou muitos outros grupos e relações posteriormente, mas a semente já estava plantada e o lócus do psicodrama, estabelecido.

Então, foi na infância e adolescência, quando brincava com as crianças e contava histórias nos jardins de Viena, que Moreno viveu mais espontaneamente e verificou, pela sua experiência, o alcance da espontaneidade e da criatividade na superação de conflitos, dores e doenças (Marineau, 1992). O conceito de *conserva cultural*, compreendido como valores, crenças e normas que norteiam o comportamento infantil e cerceiam sua espontaneidade, também teve seu lócus nessas experiências (Moreno, 1975). O que o impulsionava no teatro espontâneo com as crianças era seu desejo de propiciar-lhes as experiências espontâneas e criativas, o que chamou de *revolução criadora.*

Passada essa etapa, Moreno continuou investindo em trabalhos com grupos e fundou o "Teatro da Espontaneidade", em 1921, em Viena (Moreno, 1984). Nesse período, sua intenção era diferenciar-se do teatro tradicional, alcançando uma forma de expressão em que o ator se tornasse autor e criador da história no momento da ação, para assim transformá-la (Moreno, 1984). Nascia o teatro terapêutico, muito inspirado no teatro espontâneo iniciado com as crianças.

Durante a primeira metade do século 20, tanto na Áustria quanto nos Estados Unidos, Moreno criou a proposta socionômica, profundamente influenciado pelas duas Grandes Guerras. Compreender o homem em sociedade, suas relações, escolhas e motivações o impulsionou a trabalhar com grupos sociais. O interesse e a dedicação em investigar o indivíduo social e suas relações resultaram na criação da socionomia conforme vemos abaixo.

Conceitos da teoria socionômica – Visão moreniana de homem

O INDIVÍDUO É UM ser social que se constrói na relação com o outro. Moreno o concebeu e estudou por meio de seus vínculos interpessoais e, para investigá-los, criou a socionomia. Proveniente do latim *"sociu"* (companheiro, grupo) e do grego *"nomos"* (regra, lei), socionomia significa, portanto, ciência que se ocupa das leis que regem o comportamento social e grupal (Moreno, 1992).

Da socionomia advêm a sociodinâmica, a sociometria e a sociatria. Embasado por esses três eixos da socionomia, Moreno desenvolveu alguns conceitos que se delinearam e se articularam ao longo de sua obra. Uma questão primordial para a compreensão do homem como um ser social são os fatores *e (espontaneidade)* e *t (tele)*, considerados inatos.

A criatividade é indissociável da espontaneidade, fator que permite ao potencial criativo atualizar-se e manifestar-se. A brincadeira infantil é um exemplo da criatividade livremente manifestada. De imaginação fértil, a criança utiliza o seu potencial criativo em diversos momentos do cotidiano. Paralelo ao processo espontâneo e criativo, temos outro que se opõe – as conservas culturais, objetos, comportamentos, usos e costumes que se mantêm idênticos em dada cultura e podem interferir nesse processo (Moreno, 1992). É comum na sociedade as conservas se naturalizarem e se tornarem mais importantes do que a capacidade de romper e de construir novos parâmetros. A educação infantil, permeada pelas conservas culturais, sofre inserção de normas e valores que desafiam a espontaneidade e a criatividade.

Foi também por meio do contato com crianças que Moreno pôde verificar a existência de outro fator, a *tele*. A capacidade de percepção da criança se desenvolve desde o nascimento, possibilitando-lhe distinguir objetos materiais e seres humanos como elementos exteriores a ela. O fator tele possibilita a distinção de pessoas e objetos sem distorção de seus aspectos essenciais – ou seja, de características e qualidades dos elementos.

A tele é determinante na atração e repulsão entre as pessoas e é por meio dela que podemos "medir" o quanto de empatia alguém sente por outra pessoa ou grupo. Da mesma forma que a presença desse fator favorece uma relação "real" entre os indivíduos, no seu oposto ocorre a *transferência*, cuja relação com o outro é baseada em conteúdos intrapsíquicos que são projetados no outro (Moreno a definia tal como Freud).

Nas relações nas quais a criança está inserta pode prevalecer a tele ou a transferência, ou, como afirma Fonseca (2000), a *teletransferência*: fenômeno mutável e vulnerável às circunstâncias da vida. Um exemplo disso são as situações transitórias na família, em que as alterações nas relações pessoais podem gerar crises e mudanças sociométricas. Quando há mutualidade e coesão nas escolhas, supomos que o fator tele está presente e isso auxilia os sujeitos a transitar de forma mais favorável no processo de transformação familiar. Mas, quando a transferência é a que tem maior presença nessas relações, geram-se conflitos entre os envolvidos, e as crianças, por vezes, tornam-se protagonistas do drama familiar.

Então, tele e transferência são pressupostos de uma relação e os dois podem estar presentes, com um ou outro prevalecendo. Havendo preponderância de elementos télicos, pode-se chegar ao *encontro* moreniano, que abrange diferentes esferas da vida. Para Moreno (1999), encontro é um conceito em si, único e insubstituível. Compreendo que significa estar junto, ter contato, ver e observar, tocar, sentir, participar, ou seja, tornar-se um só. Considerando que o princípio fundamental subjacente a todas as formas de psicoterapia em psicodrama é o encontro, isso significa que no processo psicoterápico busca-se uma relação baseada na tele, e não na transferência.

Outro conceito essencial na teoria moreniana é o *momento* (Moreno, 1983), compreendido como uma espécie de curto-circuito. O momento é vivido como se sua duração (tempo cronológico) se alterasse subitamente e um instante se destacasse, transformando as pessoas envolvidas (Gonçalves, Wolff e Almeida, 1988). Isso é possível quando há o encontro moreniano, ou seja, quando na relação existem a entrega, o compartilhar, a compreensão do outro a ponto de alcançar a união. Assim, na psicoterapia psicodramática, o tempo presente é privilegiado, pois sabe-se que nele as correntes afetivas, tal como estão ocorrendo e sendo captadas no "aqui e agora", carregam toda a história do indivíduo. O passado se faz presente no momento moreniano.

Assim, na psicoterapia psicodramática, o drama, ou seja, o conflito, pode ser representado no "aqui e agora", sem necessariamente conter cenas pregressas. As cenas atuais contêm elementos do passado, representam aspectos da história do indivíduo – seja ele adulto ou criança – e buscam o encontro na relação terapêutica. Isso significa que uma sessão poderá, por meio da ação dramática, trazer conflitos, dúvidas, contradições, medos: as dificuldades vividas pelo paciente. Conteúdos significativos são trazidos e trabalhados no "aqui e agora", não importando quando se originaram, porque são atualizados na cena.

Para compreendermos o conceito de *momento*, outros dois estados necessitam ser considerados: o *coconsciente* e o *coinconsciente*. Eles se referem a vivências, sentimentos, desejos e até a fantasias comuns a duas ou mais pessoas que se relacionam em "estado inconsciente" (Moreno, 1975). Esses estados não são propriedade de um único indivíduo, mas produzidos na relação.

Moreno compreendeu o Homem como um indivíduo espontâneo e criativo, capaz de manter relações télicas. Ao mesmo tempo esse mesmo sujeito, diante das circunstâncias da sua história, também chamadas por Moreno de processo de *matrização*, e da presença das conservas culturais, poderá ou não utilizar seu potencial espontâneo e télico nas relações. Com o objetivo de favorecer que esse potencial seja experimentado nas relações, Moreno (1999) criou métodos de trabalho: o psicodrama, o sociodrama e a psicoterapia de grupo, os quais pressupõem uma ação livre do indivíduo, espontânea. Essa ação espontânea equivale à criação e ao desempenho de papéis correspondentes a modelos próprios de existência; trata-se da busca pelo que Moreno chamou de *convalidação existencial*. O psicodrama é o caminho pelo qual se dá o tratamento, a terapêutica das relações. O grande objetivo desse método é alcançar a catarse, ou a catarse de integração, para libertar o indivíduo das conservas culturais e resgatar sua espontaneidade. Na catarse há sensação de alívio, de limpeza; na catarse de integração, há transformação daquilo que incomodava, pois não é somente uma "limpeza", mas a retirada do desconforto em sua essência.

Considero que esses conceitos possibilitam compreender o homem moreniano, um ser que se constitui por meio das relações. Também será nas relações que experimentará sua capacidade télica, podendo ter relacionamentos mais télicos ou mais transferenciais – tudo isso dependerá do fato de estar mais ou menos livre para liberar sua espontaneidade e criatividade.

A criança nasce num contexto socioafetivo que poderá ser favorável ou não ao seu desenvolvimento. Alguns fatores estão presentes nesse processo, entre eles os seus próprios cuidadores, sujeitos com os quais se relacionará inicialmente e influenciarão na formação do seu *Eu*. Quem são e como estão essas primeiras pessoas com quem viverá, seus valores e normas de conduta, implicarão nos padrões de relacionamento nos quais a criança está sendo inserida. É inerente à vida a existência das conservas culturais, bem como não haver relações absolutamente télicas. Dessa forma, o crescimento implica a contribuição de todos esses fatores para a formação do Eu.

Moreno não construiu uma teoria do desenvolvimento, mas descreveu algumas fases do processo de constituição do Eu, principalmente sobre como o sujeito vai adquirindo sua identidade por meio das relações, no desenvolvimento de papéis – o que ele chamou de *matriz de identidade*. Ele não acreditava ser necessária uma teoria de desenvolvimento para poder trabalhar psicodramaticamente. O psicodrama tem seu foco no inter-relacional e não no intrapsíquico: a criança se constitui por meio dos papéis que representa. O importante é identificá-los, explorá-los e expandi-los, compreendendo seus limites, seu alcance e lugar na sociometria familiar.

Para isso, compreendemos que a criança é um ser provido de espontaneidade, criatividade e capacidade télica, porém teve esses potenciais mediados pelas conservas culturais. Ela também se relaciona consciente e inconscientemente com seus próximos, e isso é atualizado no "aqui e agora" morenianos.

3 Psicoterapia psicodramática com crianças

A INFLUÊNCIA DA psicanálise deixou uma marca importante na prática da psicoterapia psicodramática infantil, o psicodrama analítico, iniciado na França e importado para o Brasil. O chamado psicodrama moreniano tem sido praticado por poucos psicodramatistas e, de alguma forma, é possível visualizar a prática do psicodrama com crianças dividida, pelo menos, nestas duas frentes: a analítica e a moreniana.

Jacob Levy e Zerka Moreno: contribuições ao psicodrama com crianças

BUSCANDO ESPECIFICAMENTE PROCEDIMENTOS COM crianças nos escritos de Moreno, há um trabalho de 1922 sobre tratamento psicodramático do comportamento neurótico infantil, intitulado "O método do psicodrama simbólico" (Moreno, 1975). Em Viena, já funcionava nessa época uma clínica psicodramática que tratava crianças, em grupos de 12 a 20, na idade de 5 a 10 anos. Infelizmente a experiência dessa clínica não está descrita, salvo o trabalho com Karl, um garoto de 5 anos que tinha acessos de raiva contra sua mãe e foi tratado pelo diretor a princípio individualmente, depois com egos-auxiliares e, no final, também com a mãe. Moreno chamou o procedimento de *psicodrama simbólico* porque o preceito do tratamento foi representar a situação traumática central em numerosos ensaios e versões, para reduzir ao mínimo a tensão da criança. As sessões eram previamente planejadas com o objetivo de que a cena no palco fosse, em cada detalhe, semelhante à situação real.

Como esse é o único trabalho com crianças descrito por Moreno, muito se discute sobre ele. Alguns psicodramatistas (Fonseca, 2000; Petrilli, 2000) apontam que Moreno dramatiza, inspirado pela teoria comportamental, buscando *dessensibilizar* a criança por meio de *interpolação de resistência* (uma técnica psicodramática). O tratamento começou com a representação de personagens simbólicos – rei, rainha e príncipe –, culminando com a presença da mãe no palco, em seu papel real. Nesse trabalho ele não aborda a história do vínculo mãe-filho ou da família, somente ataca o sintoma, intervindo a partir da fantasia da criança e da constituição do seu papel de filho. O limite e o alcance desse papel foram trabalhados dramaticamente, o que fez diferença no processo psicoterápico da criança em questão.

Nas pesquisas sobre o desempenho de papéis, ele e sua esposa, Zerka Moreno (1999), fizeram algumas afirmações, tais como:

> É um método que permite à criança encontrar e, possivelmente, resolver problemas.
> Corresponde a um método de adaptação ao mundo. É uma tendência observável em toda criança, por volta dos 3 anos, utilizada para aproximar-se cada vez mais de outros seres vivos.
> É uma forma de colocar a realidade à prova e de preparar-se para o futuro e para situações esperadas e não esperadas.
> A criança é levada a desempenhar papéis por: assombro e estranheza, ansiedade, medo ou expectativa.

Moreno estava experimentando sua teoria e necessitava explorá-la cada vez mais para dar suporte às ideias. Juntamente com sua mulher Zerka Toeman Moreno, iniciou a brincadeira de inverter papéis com seu filho Jonathan, de apenas 3 anos de idade (Moreno, 1983). Há longos relatos sobre esse treino, bem como questionamentos de psicodramatistas contemporâneos (Gonçalves, 1988; Wechsler, 1998, 1999; Petrilli, 2000), sobre a possibilidade da inversão em tão tenra idade e de fazer psicodrama terapêutico com crianças pequenas. Também concordo com as autoras citadas em que a criança pré-escolar não é capaz de inverter papéis, tal como colocaram Moreno e Zerka. Remetendo-me ao que ele escreveu sobre desempenho de papéis, compreendo que em tão tenra idade a criança consiga jogar ou imitar papéis – *role-taking* e *role-playing*.

No entanto, no livro *Fundamentos do psicodrama* (1983), publicado originalmente em 1959, o autor apresenta conclusões sobre a inversão de papéis que são relevantes para a compreensão de alguns processos da psicoterapia com crianças. No capítulo IV, quarta palestra do livro, intitulada: "A descoberta do homem espontâneo com ênfase especial na técnica da inversão de papéis", Moreno apresenta hipóteses sobre a importância e o alcance da técnica de inversão de papéis e depois as submete à crítica de três importantes pensadores da época: Pitirim Alexandrovich Sorokin, professor russo de Sociologia da Universidade de Minnesota e de Harvard; Read Bain, sociólogo americano que trabalhou com pesquisas de comportamento e grande crítico das escalas de mensuração de comportamento; e Jiri Nehnevajsa, professor da universidade de Pittsburgh e de Columbia (Moreno, 1983).

Não pretendo discutir as críticas desses profissionais, mas trazer algumas das hipóteses elaboradas por Moreno. Ele descreveu, ao todo, 26 suposições (Moreno, 1983, p. 171-4) com base em sua observação sobre a inversão de papéis. A seguir exponho aquelas que considero pertinentes ao trabalho psicoterápico com crianças. Essa relevância está diretamente associada à minha prática psicoterápica e, dessa forma, selecionei as que pude observar ao longo da experiência profissional e cujos aspectos serão discutidos na estrutura da prática.

"A inversão de papel aumenta a força e a estabilidade do ego da criança." Moreno compreendia o *ego* como a identidade da criança; a possibilidade de inverter papéis com alguém requer estabilidade do ego. Para o autor, também se aplicava o contrário: a inversão auxilia a criança a entender os contrapapéis e lidar com eles, o que traz força e estabilidade para o seu próprio papel.

"A inversão de papel tende a diminuir a dependência que a criança tem dos pais." Se inverter papéis aumenta a força e a estabilidade, a dependência, de fato, tende a diminuir.

"Inversões frequentes de papel por parte da criança com indivíduos de idades e experiências superiores incentivam sua sensibilidade para a vida interior que é mais complexa do que a sua. A fim de poder acompanhar tais pessoas em seu nível interior de papel, que é muito superior ao nível patente de papel, a criança tem que ser inventiva. Torna-se prematuramente habilitada na administração de relações interpessoais." Quanto mais a criança tem a possibilidade de lidar com suas relações invertendo papéis, melhor sua capacidade relacional.

"A técnica da inversão de papel é tanto mais eficiente quanto mais próximas forem duas pessoas em termos psicológicos, sociais e étnicos; tais como mãe e filho, pai e filho, marido e mulher." Adentrar no outro, inverter, implica conhecer o outro. Isso se aplica a todos, adultos e crianças.

"A empatia dos terapeutas aumenta com seu treinamento em percepção de papel e em inversão de papel." O exercício do papel de psicoterapeuta psicodramatista é favorável ao próprio, porque jogar papéis é terapêutico, aumenta a sensibilidade e capacidade de percepção.

"Quanto mais solidamente estruturadas forem as pessoas que invertem papéis, menos arriscada será a inversão que executam." Entendo o termo "estruturada" como capacidade afetiva e cognitiva; isso significa que crianças pequenas, pré-escolares, não têm capacidade de inversão, bem como adultos com transtornos mentais.

"A inversão de papel é um risco muito maior, às vezes até contra-indicada, se o ego de uma pessoa tem uma estruturação mínima e o ego da outra uma estruturação máxima. Uma ilustração deste fato é o tratamento de pacientes psicóticos. [...]" Aqui Moreno confirma o que disse acima.

"A percepção de papel é uma função da inversão de papel." Sem dúvida, para inverter papéis é necessário perceber o papel do outro; portanto, inverter desenvolve essa capacidade.

"A inversão de papel é indispensável para a exploração das relações interpessoais e para a pesquisa com pequenos grupos." A inversão de papéis é uma técnica que pode ser utilizada em psicoterapia e em pesquisas. Na psicoterapia, tanto para crianças escolares (acima de 7 anos) (Ferrari e Leão, 1982; Gonçalves, 1988; Tassinari, 1990; Petrilli, 2000; Filipini, 2005) quanto para adultos, é uma técnica que auxilia na exploração das relações interpessoais e na sua intervenção. Em pesquisa, a ação é um exemplo do uso dessa técnica (Nery e Conceição, 2012).

"Todo pai e toda mãe é um ego-auxiliar natural, mas destreinado. Para ser o ego-auxiliar eficiente de seu próprio filho, todo pai e toda mãe precisa de treinamento profissional. A técni-

ca do ego-auxiliar deveria ser aplicada nos casos em que fosse claramente indicado." Na psicoterapia com crianças, os pais ou outros cuidadores têm a oportunidade de inverter papéis com a criança por meio de sessões orientadas. No capítulo sobre a prática da psicoterapia, apresento um subitem acerca do trabalho com pais e as primeiras sessões. Entrar no papel da criança permite compreendê-la melhor, sensibilizar-se, percebê-la e, consequentemente, investir na relação, tornando-a mais favorável.

"Se a animação pelo ego-auxiliar acontecer excessivamente, poderá excitar a criança de maneira desnecessária. Talvez não seja sempre indicado animar todos os objetos e todos os animais que circundam a criança." Compreendo que no trabalho psicoterápico isso se refere ao papel do psicoterapeuta quando é ego-auxiliar da criança. No contrapapel, é importante que ele esteja bem aquecido para que possa desempenhar o contrapapel com espontaneidade, seguindo o ritmo e o movimento da criança.

"A técnica do duplo é a mais importante das terapias para pessoas sozinhas e, por isso, importante para crianças rejeitadas e isoladas. A criança sozinha, do mesmo modo que o paciente esquizofrênico, poderá ser permanentemente incapaz de inverter papéis, mas aceitará um duplo." A técnica do duplo é utilizada para o atendimento de crianças pré-escolares, não por serem isoladas, mas por ainda não terem a capacidade de abstração que lhes permite perceber o outro a ponto de poderem inverter papéis (Ferrari, 1985; Gonçalves, 1988; Tassinari, 1990; Petrilli, 2000; Filipini, 2005b).

Moreno (1975) e Zerka Moreno (1975a) deixaram, entre outras, essas contribuições ao psicodrama com crianças. Ao serem questionados (Gonçalves, 1988) sobre a validade de *inverter pa-*

péis em tão tenra idade (a exemplo do filho Jonathan), Zerka afirmou que é necessário treinar papéis sempre. Com pouca produção literária e muito desejo de experimentar o psicodrama com crianças, alguns psicodramatistas brasileiros iniciaram seus trabalhos na década de 1970.

O psicodrama com crianças no Brasil

HÁ DIVERSAS PRODUÇÕES SOBRE a história do psicodrama no Brasil (Navarro, 1988; Cesarino, 1999; Pamplona da Costa, 2001; Assunção, 2005; Malaquias, 2007; Motta, 2008; Cepeda e Martin, 2010), todas elas com contribuições valiosas para a compreensão do significado da inserção dessa nova modalidade psicoterápica no país.

No final da década de 1960, o psicodrama apresentou crescimento e repercussão importantes no meio psiquiátrico e psicológico de São Paulo, pela abertura do campo da saúde mental e pela visão de homem inserto num contexto sócio-histórico (Pamplona da Costa, 2001). A Clínica Enfance, que funcionou de 1967 a 1987 e foi uma das primeiras comunidades terapêuticas do Brasil, realizava cursos de formação na área. Seu coordenador, Oswaldo Dante Di Loreto, dedicou mais de 50 anos de sua vida profissional ao estudo da mente de crianças. Em São Paulo, os primeiros psicodramatistas começaram sua formação na Enfance e suas produções foram estudadas pelos que se interessavam em trabalhar com crianças (Petrilli, 1990).

Até o final dos anos 1960, alguns congressos internacionais de psicodrama já haviam ocorrido. Em 1970, quem sedia o V Congresso Internacional de Psicodrama é o Brasil, no Museu de Arte de São Paulo (Masp). Até então, não se mencionavam trabalhos de psicodrama infantil no Brasil e, mesmo nesse congresso, não foram muitos: quatro, diante da diversidade de relatos voltados para o público adulto. O Congresso de 1970 do Masp teve a participação de psicodramatistas do mundo todo; alguns estrangeiros e poucos brasileiros apresentaram trabalhos sobre crianças. A programação continha alguns projetos direcionados à infância.

Durante a década de 1970, a técnica psicodramática com crianças se difundiu timidamente em pontos distintos do país. Foi publicada em 1970 a tradução de *Le psychodrame chez l'enfant* do psicanalista Daniel Widlöcher, de 1962, intitulada *Psicodrama infantil*, livro que se tornou referência entre os brasileiros interessados no tema. Também houve outras influências psicanalíticas dos franceses Anzieu (1981), Kestemberg e Jeammet (1989), e do argentino Pavlovsky (1981). O argentino Narvaez (1976-77) trabalhava com grupos de crianças pequenas (de 3 a 5 anos) e se tornou parâmetro para os psicodramatistas voltados à educação.

Em São Paulo, na Sociedade de Psicodrama de São Paulo (SOPSP), criou-se no início dos anos 1980 um núcleo de atendimento a crianças, coordenado por Camila S. Gonçalves e Carmen L. Lamas. Os integrantes do Núcleo de Psicodrama com Crianças da SOPSP publicaram em 1988 o livro *Psicodrama com crianças*, que se tornou referência para os jovens psicodramatistas. Nesse livro, apresenta-se o psicodrama analítico, iniciado na França na década de 1940 – uma síntese da psicanálise, do psicodrama e do psicodrama moreniano, baseado na concepção de Homem e na teoria de papéis.

Petrilli (2002) publicou *Psicodrama com crianças: raízes, transformações e perspectivas.* Nele, a autora faz um levantamento histórico do psicodrama com crianças no Brasil, do qual des-

PSICOTERAPIA PSICODRAMÁTICA COM CRIANÇAS – UMA PROPOSTA SOCIONÔMICA

taco que, em 1978, o Instituto Sedes Sapientiae criou no seu curso de formação em Psicodrama uma cadeira chamada Psicodramas Especiais, que continha, entre outros, o módulo Psicodrama com Crianças.

Sobre o pequeno número de publicações até a década de 1980, Petrilli (2002, p. 4-5) enfatiza que

As escassas publicações disponíveis no decorrer dos anos 1980 se referiam ao psicodrama analítico desenvolvido pelos franceses tais como Anzieu (1981), Widlocher (1970), Kestemberg e Jeammet (1989), e o argentino Pavlovsky (1975, 1981). O livro de Zerka Toeman Moreno intitulado *Psicodrama de crianças* (Zerka Moreno, 1975), pouco acrescentou em relação aos escritos originais de J. L. Moreno.

Dessa forma, a psicanálise era a referência para os primeiros psicodramatistas que trabalharam com crianças, pois, na teoria psicodramática, os psicoterapeutas não consideravam que houvesse suporte teórico para sustentar a prática com crianças.

Em 1982, tivemos a primeira publicação brasileira que sistematiza o psicodrama com crianças, o artigo "Psicodrama infantil: teoria e prática". As autoras (Ferrari e Leão, 1982) apresentaram a experiência de quase dez anos de trabalho conjunto e, apesar de também terem tido influências da psicanálise, propuseram um atendimento clínico a crianças, segundo os princípios socionômicos de Moreno, adaptando suas técnicas ao público infantil segundo as possibilidades de cada faixa etária e o amadurecimento socioafetivo-cognitivo das crianças.

Foi na década de 1980, então, que o psicodrama com crianças se delineou como uma prática psicoterápica possível, seja sob influência da psicanálise, seja baseada nos princípios da teoria socionômica. Especialmente em congressos, trabalhos sobre psicodrama infantil foram apresentados (Petrilli, 1982, 1984, 1985; Ferrari e Leão, 1982; Peres, 1985; Gonçalves, 1988), abordando-se a relação terapêutica, a criança e a família, e a integração ou não dos modelos psicanalítico e psicodramático. Esse é um período de busca dos psicoterapeutas psicodramatistas de crianças brasileiros por suprir as lacunas teóricas do psicodrama.

A década de 1990 é marcada por publicações e encontros científicos que focam especificamente na psicoterapia da infância e adolescência. Tassinari (1990) publica o artigo "Psicodrama com crianças: uma introdução à teoria da prática", no qual enfatiza o uso dos conceitos morenianos na prática psicoterápica com a criança, considerando-a um "porta-voz, um receptor e transmissor" dos conflitos.

Em 1991, no 1 Encontro de Psicodrama da Infância e Adolescência, Petrilli apresentou seus estudos sobre psicoterapia individual com crianças, propondo uma psicoterapia por meio da relação, articulando conhecimentos de psicodrama e de psicologia psicodinâmica. Em 1992, no 8º Congresso Brasileiro de Psicodrama, Soares (1992), apresentou um curso sobre psicodrama com crianças – o trabalho não foi publicado e ficamos apenas com a referência de sua apresentação. Dois anos depois, ocorre o 2º Encontro de Psicodrama da Infância e Adolescência, em que apresentei meu primeiro trabalho sobre o tema (Filipini, 1994).

A partir daí, estiveram presentes nos congressos brasileiros de psicodrama artigos, cursos, *workshops*, abordando a prática do psicodrama com crianças insertas em diversas instituições públicas ou privadas. Esses trabalhos têm como ponto de partida, preponderantemente, as contribuições de Gonçalves. Após as publicações de Tassinari (1990) e Petrilli (2000), observa-se maior diversidade maior na forma de compreender e abordar a criança na situação psicoterápica.

Ainda na década de 1990, Andrade (1999), que trabalha com crianças em instituições escolares, fez uma crítica ao psicodrama moreniano apresentado por Kaufman e Gonçalves (1988), que dizem trabalhar sempre na sessão *como se estivessem num teatro* e comentam sobre a evasão do grupo de crianças na instituição. Dois estudos de Andrade sugerem que as crianças, quando deixadas livres para escolher, sem qualquer constrangimento ou sugestão, optam por dedicar-se a jogos que lhes favoreçam o conhecimento, a pesquisa e o desenvolvimento das interações no interior do grupo – portanto, atividades que priorizam o desenvolvimento de vínculos, antes de optar pela dramatização. Mesmo com essa preterição da dramatização, Andrade considera como psicodrama aquilo que faz com os grupos de crianças.

Outras publicações e contribuições para o psicodrama com crianças foram os estudos de Wechsler (1998, 1999). A autora atualizou a matriz de identidade de Moreno numa perspectiva construtivista, correlacionando-a com a teoria do desenvolvimento cognitivo de Jean Piaget. Seus estudos culminam em uma proposta de articulação, a qual tratou em suas publicações como um processo de construção da identidade socioafetivo-cognitiva do indivíduo. Além disso, Wechsler, em sua tese de doutoramento, discutiu o *brincar,* trazendo para o conhecimento a classificação de jogos para Piaget (1978) e Caillois (1990). Por meio da classificação desses jogos, é possível visualizar as mais diversas brincadeiras infantis, o período de desenvolvimento em que elas ocorrem e seus objetivos.

Petrilli (2000), que já apresentara no início dos anos 1990 seu trabalho sobre psicodrama com crianças por meio da relação, publicou um capítulo sobre o tema em 2000 – mais uma grande contribuição para os psicodramatistas que trabalham com crianças.

Considero os autores citados os que mais contribuíram para a construção de uma teoria e uma prática psicoterápicas do psicodrama infantil. Gonçalves e seus colaboradores (1988), bem como Petrilli (2000), mostram como fazem psicodrama com crianças segundo seus referenciais, sejam eles morenianos ou psicanalíticos. Wechsler (1998, 1999) não fala em processo psicoterápico, mas seu trabalho oferece subsídios aos que buscam sustentação teórica para a prática, já que o *jogo* é um meio de desenvolver a psicoterapia. Unir psicodrama com construtivismo foi a possibilidade que a autora encontrou para realizar essa compreensão.

Destacam-se Ferrari e Leão (1982) e Tassinari (1990), que descrevem seus trabalhos e buscam fundamentá-los por meio da escassa produção não psicanalítica com crianças. As autoras justificam cada ação fundamentadas na teoria do momento, na sociometria e na teoria de papéis. Tassinari é a única autora que utiliza apenas o referencial moreniano.

PARTE II – A ESTRUTURA DA PRÁTICA DA PSICOTERAPIA PSICODRAMÁTICA COM CRIANÇAS

4 Os contextos

A **HISTÓRIA DA** psicoterapia aponta para uma mudança na sua prática quando voltada ao público infantil. A psicanálise foi pioneira nesse trabalho e, entre os psicanalistas apresentados, é unânime a concepção de que com as crianças a abordagem técnica deve ser outra. As crianças têm uma maneira peculiar de comunicação e o seu brincar, na psicanálise, é entendido como forma de expressão do mundo interno, que pode ser interpretada, semelhante à associação livre no adulto. Outras abordagens foram surgindo além da psicanálise, e o arcabouço teórico permite diferenciar a psicoterapia com crianças, considerando que elas apresentam recursos psicológicos e contextos diferentes do adulto.

No caso do psicodrama, que possui estrutura teórica fundamentada na teoria socionômica, discutir as ações que se referem à estrutura da prática implica considerar seus *contextos*, *etapas* e *instrumentos*. Esses três conceitos constituem uma estrutura que se repete na prática psicodramática, seja em sua modalidade psicoterápica ou socioeducacional.

Contextos, etapas e instrumentos formam um eixo que ficou conhecido como "psicodrama clássico". Dessa forma, apresentarei como se pode realizar a prática da psicoterapia psicodramática com crianças. Para isso, os conceitos morenianos serão discutidos e ilustrados por algumas vinhetas de sessões.

Moreno construiu sua teoria baseado em experiências com grupos – logo, os conceitos que criou têm origem neles. Entretanto, a prática demonstrada a seguir refere-se a atendimentos individuais, modalidade instituída na prática psicoterápica do psicodrama desde seus primórdios. Ressalto que, quando é discutida a teoria, geralmente Moreno se refere a grupos, mas meu objeto é o atendimento individual.

A psicoterapia com crianças, diferentemente do trabalho com adultos, implica algumas etapas antecedentes. Encaminhamento ou indicação, sala de atendimento, materiais e contrato de trabalho são entendidos como pertencentes ao contexto social e serão discutidos nesse item. Assim, o início do processo psicoterápico inclui sessões com as pessoas cuidadoras, geralmente os pais da criança ou algum outro familiar.

Os contextos social, grupal e dramático

A prática psicodramática tem uma estrutura fundamentada na compreensão do homem inserto em determinado contexto. Moreno (1975) definiu contexto como um encadeamento de vivências privadas e coletivas de sujeitos que se inter-relacionam numa contingência espaçotemporal. Em sua obra, o autor fez referência a três contextos, distintos entre si: o social, o grupal e o dramático. Cada um deles é caracterizado de modo que diferencie o desempenho de papéis: nos contextos social e grupal, são desempenhados os papéis sociais; no contexto dramático, os papéis psicodramáticos. A demarcação de contextos num trabalho de psicodrama é importante porque permite discriminar o "como é" – papéis sociais, em tempo e espaço reais – do "como se" – papéis psicodramáticos, em tempo e espaço coconstruídos dramaticamente.

O contexto social se refere à realidade social com suas consequências – o "como é". Tem características culturais, econômicas e políticas, normas e leis que regulam os vínculos entre as pessoas (Moreno, 1975; Gonçalves, 1988).

PSICOTERAPIA PSICODRAMÁTICA COM CRIANÇAS – UMA PROPOSTA SOCIONÔMICA

Na psicoterapia com crianças, assim como naquela com adultos, o contexto social inclui a criança, sua família, sua rede mais ampla de relações, sua cultura, religião e nível socioeconômico, sua história, seu encaminhamento e o motivo que resultou na vinda ao trabalho psicoterápico. Todos os envolvidos estão em seus papéis sociais: filho, pai, mãe, outros cuidadores, outros membros da família, psicoterapeuta – tudo que rodeia a criança, em seus vários ambientes. Então, enquanto na psicoterapia com adultos os familiares e outras pessoas significativas da vida do paciente são apenas referidos no processo psicoterápico, com as crianças eles estão presentes. Essa presença ora se faz pelo simples fato de conduzirem a criança até a psicoterapia, ora pela sua participação efetiva no processo.

O contexto grupal diz respeito às regras de funcionamento elaboradas por determinado grupo. Esse contexto existe dentro de tempo e espaço delimitados e possui uma dinâmica específica que permeia as relações entre os seus componentes (Moreno, 1975; Gonçalves, 1988). Enquanto o contexto social possui regras e valores de funcionamento mais rígidos, o contexto grupal é mais tolerante e permissivo, permitindo o ajustamento dessas regras. Ele ainda se refere ao "como é", mas algumas das regras sociais podem ser questionadas. Por exemplo, na sessão psicoterápica infantil é possível falar palavrão, mandar no adulto etc.

Na psicoterapia psicodramática individual, o grupo é constituído pelo paciente e pelo psicoterapeuta. À medida que adentram a sala de psicoterapia e o trabalho se efetiva, o contexto grupal se estabelece. Quando os cuidadores da criança participam de uma sessão psicoterápica, o grupo é constituído também por esses membros. O objetivo comum dos indivíduos reunidos é o trabalho psicoterápico. Todos mantêm seu papel social, e a criança e seus cuidadores incluem um novo papel nesse momento: clientes de psicoterapia. Com os adultos, a presença de outros indivíduos geralmente é dispensável, já que eles procuram a psicoterapia por seu desejo ou necessidade e são os únicos responsáveis por ela. Incluir outros indivíduos num processo psicoterápico implica ter um contrato de trabalho que preveja isso. Uma questão importante é a do sigilo: é acordado com a criança que haverá sigilo em relação ao processo psicoterápico. Ao mesmo tempo, os cuidadores participam ativamente em elementos significativos do processo psicoterápico. Dessa forma, na sessão infantil o sigilo existe tal qual na psicoterapia de adultos; porém, os cuidadores relatam acontecimentos importantes do cotidiano familiar que são refletidos junto com temas que surgem na psicoterapia da criança.

O contexto dramático é delimitado pelo "como se", o qual possibilita que fantasias sejam acolhidas e trabalhadas dramaticamente. Passado e futuro se fundem no "aqui e agora": o "como se" é construído por tempo e espaço subjetivos, em que as regras sociais podem ser questionadas, quebradas, alteradas, e novas regras podem ser acordadas.

Na díade criança e psicoterapeuta, durante o processo psicoterápico, há um movimento de entrada e saída do contexto grupal para o dramático e vice-versa. Isso ocorre porque a criança transita com liberdade entre o "como se" e o "como é", interrompendo, por vezes, uma cena e retornando ao contexto grupal. Isso também ocorre na psicoterapia com adultos, porém está mais associado ao *aquecimento*. Um adulto, quando aquecido para o papel psicodramático, tende a se manter no contexto dramático porque compreende que está no "como se" e que o que faz tem uma função psicoterápica. As crianças, especialmente as menores, em idade pré-escolar, jogam papéis no "como se" porque gostam e porque são aquecidas para tal. No entanto, a compreensão de que isso faz parte do processo psicoterápico não existe, uma vez que ela ainda não possui recurso psicológico para o entendimento. As crianças não estão preocupadas em colaborar com o psicoterapeuta no sentido de permanecerem no "como se" para que a cena dramática flua.

É comum estabelecermos um código com a criança que esclareça essas entradas e saídas dos contextos. Por exemplo, um estalar de dedos ou uma palma, demarcando que "a história começou". Outro código que representa uma rápida saída, ou um tempo na história, muitas vezes se efetua por meio do gesto manual de *Tempo!*, semelhante ao dos jogos esportivos. Rapidamente as crianças apreendem esses sinais e os utilizam com frequência e tranquilidade. Elas usam o *Tempo!* para interromper uma cena quando consideram que o terapeuta, no papel de ego-auxiliar, não está desempenhando seu papel psicodramático adequadamente. Uma criança pode dizer: *"Você está fazendo tudo errado, não é assim, tem que ser mais bravo!"*; ou ainda: *"A história não é assim, tem que dormir agora..."*; *"Para, que agora eles vão para outro lugar"*, marcando a direção da cena; *"Eu não faria isso na realidade!"*, confirmando que a atuação do papel psicodramático permite a ela realizar aquilo que só é possível no "como se". Essas demarcações também têm um caráter terapêutico de auxiliar a criança a separar internamente os contextos.

Dessa forma, os contextos estão presentes tanto no processo psicoterápico de crianças como no de adultos. As diferenças são pequenas e incluem principalmente a presença ou não de outras pessoas no processo. Os contextos social e grupal da psicoterapia infantil implicam a consideração de que seus cuidadores não são apenas referidos como rede socioafetiva, mas têm presença no processo. São eles também que estabelecem as regras de funcionamento junto com o psicoterapeuta e a criança como, por exemplo, o horário das sessões, os honorários, sua história de vida e as informações significativas do cotidiano que não são relatadas pela criança.

No contexto dramático, o trabalho com crianças se diferencia do realizado com o público adulto pela liberdade delas em transitar entre o dramático e o grupal. O adulto, depois de aquecido para o papel psicodramático, permanece em cena e retorna ao papel social no contexto grupal quando há necessidade, sem que o diretor de cena precise usar outro mecanismo que não seja o verbal. Os pré-escolares já discriminam o "como se" do "como é", ou seja, alcançaram a possibilidade de discernir fantasia de realidade. Entretanto, o desenvolvimento de recursos psicológicos que as auxiliem cada vez mais nessa discriminação ainda está em processo e a demarcação de contextos realizada pelo psicoterapeuta favorece a diferenciação.

5 No contexto social

APRESENTO NESTE CAPÍTULO algumas etapas que antecedem o início do processo psicoterápico infantil, mas não se referem às etapas de uma sessão psicoterápica.

Na psicoterapia com crianças, essas etapas correspondem ao contexto social. Isso porque, nesse caso, diferentemente da realizada com os adultos, não há motivação nem movimento individual de procura por esse tipo de intervenção. Geralmente é a família quem decide a necessidade do trabalho e a vinda da criança é compulsória. Movidos por dificuldades de ordem diversa, motivados ou encaminhados por outros profissionais da saúde ou educação, os cuidadores devem se preparar no contexto social para o início do trabalho psicoterápico.

Considero que fazem parte do contexto social a *indicação* da criança, a *sala de atendimento* e os *materiais*, e o *contrato de trabalho*. Presentes em qualquer processo psicoterápico, faço a seguir algumas observações sobre esses aspectos, demarcando suas especificidades no trabalho com crianças.

Indicação

AS QUESTÕES QUE LEVAM um indivíduo a procurar psicoterapia são variadas e podem ser características da época em que vivemos ou atemporais, universais e inerentes à vida. Necessitar de ajuda faz parte do nosso contexto de vida e da história da humanidade (Myra y López, 1967; Costa, 2003).

Geralmente os motivos que originam uma indicação psicoterápica, as queixas apresentadas, são de ordem emocional, comportamental, neurológica, educacional, familiar e social. Essas questões não se diferenciam, necessariamente, entre as faixas etárias, mas, pelo fato de estarem insertas num contexto socioafetivo em que ocupam um lugar sociométrico de maior dependência e cuidado, as crianças podem sofrer com situações afetivas específicas. As mudanças ocorridas na sociedade em geral geraram dificuldades como a ansiedade por conquistas profissionais, afetivas e financeiras que as famílias enfrentam.

Além disso, a família contemporânea traz demandas específicas às crianças, como a separação parental, as demais uniões conjugais e as implicações que isso acarreta para a família como um todo. Essas demandas não são necessariamente de ordem psicoterápica (Souza, 1995, 1997, 2000, 2006; Filipini, 2003), mas a psicoterapia pode ajudar no período de transição familiar, auxiliando as crianças a identificar os sentimentos que emergem, bem como a desenvolver recursos para lidar com eles.

A psicoterapia psicodramática com crianças já teve sua indicação restrita a maiores de 11 anos (puberdade e adolescência) pelo psiquiatra francês Chazaud (1977), baseado no colega Widlöcher (1970). O autor afirmou que, nas crianças, é frequente haver inibição, incapacidade de proposição de temas, irritação e desatenção. Somente os maiores conseguiriam de trazer cenas e dramatizá-las. Porém, os psicodramatistas brasileiros contemporâneos atendem crianças de todas as idades.

Na literatura específica, os autores relatam que atenderam por meio da psicoterapia psicodramática crianças com conflitos e distúrbios emocionais (Alegre, 1982; Gonçalves, 1988; Filipini, 2005b, 2005c; Petrilli, 2000, Tassinari, 1990; Ferrari e Leão, 1982) como dificuldades de aprendizagem e retardo mental (Narvaez,

1976, 1977; Andrade, 1996, 1997, 1999; Soares, 1992), além de transtornos mentais específicos, como Transtorno do Déficit de Atenção e Hiperatividade (TDAH) (Boccardo, 2011). Segundo os autores, consideram que o jogo dramático e o desempenho de papéis auxiliam as crianças a enfrentar suas dificuldades e limitações, bem como a desenvolver recursos para lidar com as demandas. Eles compreendem que a criança pré-escolar se manifesta espontaneamente por meio do jogo dramático, o que não acontece necessariamente com as maiores, que devem ser aquecidas. Assim, diferentemente de Chazaud (1977), os psicodramatistas contemporâneos trabalham também com crianças pré-escolares e utilizam formas diversas desse "fazer psicodramático", como o psicodrama analítico (Gonçalves, 1988); o psicodrama por meio da relação (Petrilli, 2000), baseado no Núcleo do Eu de Bermúdez (Rebouças, 2008); o psicodrama moreniano com contribuições de psicodramatistas contemporâneos (Ferrari, 1985); o psicodrama moreniano (Tassinari, 1990).

A sala de atendimento e os materiais

A SALA DE ATENDIMENTO deve possibilitar trânsito livre para a criança e conter móveis facilmente removíveis, ou que possam ser integrados na produção dramática. Os materiais utilizados são brinquedos de uso comum – casinha, castelo, família de bonecos, bichos, fantoches, alguns jogos, material gráfico e de artes plásticas (papel, canetas, lápis, giz de cera, cola, fita adesiva, tesoura sem ponta, barbante etc.) – e, principalmente, máscaras e utensílios de fantasia (capas, chapéus, lenços, tecidos de cores e texturas variadas, objetos de adorno). Esse material fica disponível para a criança, mas não necessariamente exposto. Depois de apresentada à sala e ao que ela contém, a criança é livre para aproximar-se ou não de um armário que armazena brinquedos.

A função principal do brinquedo é de aquecimento, tanto para preparar a criança para o papel dramático quanto para mantê-la assim durante a dramatização. Os acessórios que compõem um personagem ajudam-na a manter-se aquecida, bem como ao ego-auxiliar. Jogos, construções e desenhos, além da função de aquecimento, podem assemelhar-se ao que Wechsler (1999) refere, possibilitando à criança expressar-se e desenvolver capacidades condizentes com sua condição socioafetivo--cognitiva. Dessa forma, os acessórios estão sempre insertos no projeto dramático cuja ação se dará por meio do jogo de papéis ou dramatização, do jogo em si, do desenho, da construção de um jogo etc.

Para Gonçalves e Kauffman (*apud* Gonçalves, 1988), a utilização do material segue o mesmo padrão descrito por Alegre (1982): como aquecimento, como objeto intermediário, como parte da dramatização e como parte da dramatização com personagens "reais". Gonçalves (1988, p. 78) usa o brinquedo para marcar o lugar do personagem no espaço dramático e também para representá-lo, quando o protagonista "exerce alguma ação sobre esta, que não pode ser realizada com (ou contra) o ego-auxiliar". Tassinari (1990), diferentemente dos autores acima citados, diz que os brinquedos funcionam como transmissores que permitem a comunicação por seu intermédio, mantendo a distância entre as pessoas reais. A autora não emprega o termo "objeto intermediário", mas considera que as crianças fazem uso dele quando ainda necessitam demarcar melhor os contextos. Petrilli (2000) também compreende os brinquedos como intermediários da relação e como objetos simbólicos.

Verifica-se, então, que os psicodramatistas contemporâneos utilizam brinquedos com funções diversas: de objeto simbólico, como na psicanálise, a objeto intermediário, como definiu Rojas--Bermúdez (1970), e, principalmente, como aquecimento para a ação. Embora no psicodrama analítico o brinquedo possa ser interpretado, no moreniano isso não acontece. Ele poderá estar presente na sessão, mas, independentemente do uso que a criança faça, o foco e a compreensão estarão na relação. O psicodramatista moreniano está sempre voltado ao papel que a criança assume, quando com o brinquedo e o seu contrapapel.

Um exemplo: duas irmãs, de 6 e 7 anos, estão numa sessão vincular e querem brincar de massinha de modelar. Elas constroem uma cidade de ursos. Nessa cidade está sua família, composta por elas, seus pais e respectivos namorados, seus avós e sua empregada. A mais nova faz uma espécie de barco, em que coloca todos os seus entes queridos. A mais velha, por sua vez, faz um grande arco-íris e se coloca em cima dele. Conforme vão construindo os ursos e a cidade, uma história vai sendo narrada, contendo elementos dos vínculos presentes: a disputa entre elas, as necessidades afetivas de cada uma, o lugar sociométrico que cada uma ocupa na família, como percebem cada membro da família (pais e namorados; avós) e se relacionam com eles.

Os brinquedos, inicialmente massinhas que viram ursos e outros objetos, foram instrumentos, ou transmissores (como Tassinari define), que intermediaram a relação; também tiveram a função de aquecer as crianças para a construção da história e dos papéis psicodramáticos. Além disso, cada objeto construído por elas tinha uma representação na cidade e na história que, embora não tenham sido interpretados, foram incluídos na ação dramática – eles faziam parte do cenário que as aquecia e auxiliava na construção do drama a ser apresentado e representado.

Contrato de trabalho

NA LITERATURA DO PSICODRAMA infantil, o contrato de trabalho não é referido por todos. Os autores Gonçalves (1988), Tassinari (1990) e Petrilli (2000) abordam o trabalho com os pais, mas não necessariamente o descrevem com essa nomenclatura.

Com os pais

Para qualquer faixa etária, primeiro realizo o contato com os pais ou responsáveis pelo paciente, com o objetivo, além de colher dados sobre a criança, de conhecer o casal de pais ou essa(s) outra(s) pessoa(s) que participa(m) da vida dela, parte de seu átomo social. Saber o que os preocupa, que percurso realizaram até chegar à psicoterapia, o porquê desse tipo de trabalho são perguntas que ocorrem no primeiro contato.

O contrato de trabalho é feito com os responsáveis quanto aos horários da sessão, à duração (geralmente de 50 a 60 minutos para o trabalho individual e uma hora e meia para grupo), à frequência, aos honorários, à participação da família no trabalho e à necessidade de outro encaminhamento (pediatra, neurologista, psiquiatra, fonoaudiólogo, psicopedagogo etc.). Esses encaminhamentos baseiam-se em conhecimentos sobre a criança que o psicoterapeuta obtém com seus cuidadores e nos primeiros encontros com ela.

Além da primeira sessão de atendimento com os pais, é realizado um contrato verbal, no qual é acordado que eles comparecerão periodicamente para sessões de orientação, ou as chamadas sessões vinculares – pais-filho, pais-filhos (com a presença de irmãos), com o comparecimento de outras pessoas significativas para a criança (avós, babás, amigos, tios etc.). O objetivo é possibilitar o desenvolvimento de recursos que possam ajudá-la nas suas inter-relações, o que incluirá sociometria e papéis.

Conhecer a configuração sociométrica da família, o lugar que cada um ocupa na rede de relações e os papéis que são jogados dá subsídios ao psicoterapeuta quanto à *matriz relacional* da criança. No psicodrama, a noção de matriz está sempre associada às de lócus (onde) e *status nascendi* (quando). Isso significa que os fenômenos psíquicos ocorrem em espaços e tempos determinados e a partir de um movimento relacional, que se organiza num *modus operandi* emocional (como). Essas relações são construídas pelas pessoas que participam da mesma família, do mesmo grupo social ou da mesma cultura (Knobel, 2004). A matriz relacional passa a ser chamada de *matriz de identidade* quando descreve o processo de aprendizado emocional de relacionamentos focados em alguns papéis e contrapapéis. A matriz de identidade da criança é composta pelas primeiras relações no âmbito familiar (*locus*), em espaço e tempo determinados (*status nascendi*), com características próprias (*modus operandi*). Os primeiros papéis sociais infantis são construídos nessas relações, e a psicoterapia pode auxiliar crianças e familiares a jogar com mais espontaneidade e criatividade.

Com a criança

Quando recebo a criança, pergunto se ela sabe o que motivou sua vinda à psicoterapia. Essa indagação se fundamenta no fato de que faz parte do seu papel social de filho saber que ação sua motivou determinada ação em seu contrapapel. Normalmente, as crianças falam sobre a preocupação que os pais têm em relação a algum comportamento e compreendem que isso não lhes é favorável. Um menino disse: "Eu fico muito nervoso de vez em quando e aí eu brigo muito, grito, bato e choro"; uma garotinha contou: "Tenho muito medo na hora de dormir, sempre tenho dor de barriga e dor de garganta; não gosto de viajar e meus pais querem viajar sempre". Outro: "Não sei... acho que é porque eu não gosto da escola e de ninguém de lá, são todos muito chatos". As crianças pré-escolares podem dizer que não sabem o porquê estão lá nem quem sou, mas ter vindo para brincar. Dessa forma, a criança em idade pré-escolar dificilmente sabe o motivo da psicoterapia, o que confirma o fator compulsório e a diferença nos recursos psicológicos usados para algumas funções nessa idade. A despeito disso, por meio do brincar, ela adquire uma compreensão de que aquele brincar, naquela situação, lhe permite uma expressão importante – e gosta disso.

Da mesma forma que se faz um contrato com os responsáveis, outro é realizado com a criança quando falamos sobre o motivo do trabalho, a frequência com a qual nos encontraremos e as possíveis sessões vinculares. O que é dito a ela é semelhante ao que Gonçalves (1988, p. 66) afirmou:

> Você virá aqui toda semana para trabalharmos juntos; vamos conversar sobre você e sobre as coisas que estão difíceis para você. A gente vai fazer isto usando este material e também fazendo representações "como se fosse em um teatro", de histórias de "verdade" ou inventadas.

As crianças escolares (com mais de 6 ou 7 anos) compreendem o contrato de trabalho e auxiliam na sua realização: falamos do sigilo, da vinda dos irmãos etc. As menores, como dito anteriormente, têm um entendimento compatível com seus recursos mentais, mas isso não altera o contrato, tal como qualquer outra diferença advinda da sua idade: o objetivo da psicoterapia é auxiliá-la a desenvolver os recursos de que dispõe para lidar com suas dificuldades, tendo ou não clareza da sua existência.

6 Os instrumentos do psicodrama

Cenário, protagonista, diretor, ego-auxiliar e plateia

A ESTRUTURA DA prática psicodramática inclui cinco instrumentos de trabalho necessários para seu desenvolvimento. Independentemente da sua modalidade – grupal ou individual –, eles estão sempre presentes na sessão psicoterápica: é preciso um lugar, *cenário* no qual ocorrerá o "como se"; o *protagonista* do drama apresentado, porque ele é o porta-voz, o representante e aquele que contém esse conflito. Na modalidade psicoterápica do trabalho psicodramático, é necessário que um indivíduo ocupe o lugar de coordenação da atuação dramática: o *diretor*, representado pelo psicoterapeuta. Já o *ego-auxiliar*, como o próprio nome diz, auxilia o diretor e o protagonista – na psicoterapia individual, objeto deste trabalho, o psicoterapeuta será também ego-auxiliar da criança. A *plateia* é representada por todos aqueles indivíduos que estão presentes na sessão psicodramática, mas não fazem parte do "como se" – instrumento ausente na psicoterapia individual. Ao discutir cada um deles, apontarei as diferenças que existem no trabalho com as crianças.

Cenário

MORENO (1983, P. 208) definia o contexto dramático pela presença concreta de um palco, que podia ser no formato do teatro convencional ou um tablado ao redor do qual o grupo se sentava:

[...] A colocação de uma plataforma ou de um palco numa sala, ou a designação de uma área especial para a produção, deu licença "oficial" para uma prática tacitamente aceita. [...]

Nos congressos de psicodrama pôde-se constatar, pela apresentação dos trabalhos clínicos, que poucos psicodramatistas ainda mantêm o palco ou o tablado nas clínicas privadas. Ao longo da experiência, o palco, por ser um espaço subjetivo, foi sendo demarcado tal como fazia Moreno, mas sem um local concreto (palco ou tablado) é a "área especial" à qual Moreno se referiu. Com as crianças, esse espaço geralmente se amplia para toda a sala de atendimento e os objetos adquirem uma nova roupagem. Quando uma história vai se iniciar, o cenário é demarcado pela criança e pelo psicoterapeuta por meio de alguns objetos e espaços que tomam formas diversificadas, ou é definido apenas no plano imaginário: "Agora estamos numa floresta"; "O mar está com ondas muito grandes!"; "Está tudo escuro e eles vão se perder"; "Aqui é a casa do pintinho e ali é a do gavião".

A capacidade de fantasiar faz parte do universo infantil; a imaginação da criança flui com facilidade e não é necessário dispor de muitos recursos materiais para que isso ocorra (Morais, 1980). Ao contrário, para os adultos a construção do cenário está relacionada com o aquecimento (físico e mental) do protagonista para o contexto dramático. É importante salientar que o cenário se faz no palco, ou nesse espaço delimitado, não é um lugar concreto: são os referenciais temporais e espaciais onde a cena ocorre.

A origem do cenário no teatro espontâneo de Moreno foi em Viena, onde ele e sua equipe se apresentavam diariamente. No início, o cenário compunha e adaptava as cenas que ocorriam, funcionando como um pano de fundo ajustado às ações dramáticas. Para isso, diversos materiais eram improvisados e até mesmo um pintor subia ao palco e, perante a plateia, ilustrava a cena à medida que ela se desenrolava (Moreno, 1984). Com a elaboração de seu trabalho e a passagem do teatro espontâneo para o teatro terapêutico (Moreno, 1975), o cenário deixou de ser apenas um pano de fundo para integrar-se à cena dramática, funcionando como o aquecimento para os atores. Nele ocorre a ação dramática, ou seja, o campo terapêutico do psicodrama. É considerado um instrumento essencial porque permite contextualizar a ação, aquece os atores e define papéis para que o trabalho de psicodrama ocorra.

Protagonista

O PROTAGONISTA é o porta-voz de sentimentos e vivências do grupo, aquele que sustenta o drama – quando se trata de um grupo. No caso do trabalho individual, o paciente sempre será o protagonista. Segundo Moreno (1975, p. 18):

O segundo instrumento é o sujeito ou paciente. É solicitado a ser ele mesmo no palco, a retratar o seu próprio mundo privado. É instruído para ser ele mesmo, não um ator, tal qual o ator é compelido a sacrificar o seu próprio eu privado ao papel que lhe foi imposto por um dramaturgo. Uma vez "aquecido" para a tarefa, é comparativamente fácil ao paciente fazer um relato de sua vida cotidiana em ação, pois ninguém possui mais autoridade sobre ele mesmo do que ele mesmo. Ele tem de atuar livremente, à medida que as coisas lhe acodem à mente; é por isso que tem de lhe ser concedida liberdade de expressão e espontaneidade. Em grau de importância, o processo de representação segue-se à espontaneidade. O nível verbal é transcendido e incluído no nível de ação.

Quando se trata de criança em atendimento individual, ela é sempre a protagonista e as cenas produzidas não são necessariamente relatos da vida cotidiana: sua expressão como protagonista ocorre por meio de cenas reais, imaginárias ou fantasiosas. Então, numa sessão psicodramática, a expressão da criança no contexto grupal e dramático dar-se-á por meio do brincar. Como dito anteriormente, o brinquedo é utilizado no cenário e na dramatização e a ação da criança ocorre pela brincadeira.

O brincar infantil

Quando uma criança inicia um processo psicoterápico, em especial as menores de sete anos, não está interessada em contar verbalmente fatos cotidianos, sobretudo se eles são conflituosos e lhe trazem sofrimento. Ela quer brincar, esse é o seu movimento natural, sua forma de expressão – e o fator de maior diferença para o psicodrama realizado com adultos. Então, a criança na qualidade de protagonista apresenta características peculiares: não veio à psicoterapia por escolha própria, falta-lhe iniciativa em relatar seus problemas para o psicoterapeuta – até porque nem sempre os reconhece por não ter aparato psíquico que lhe permita essa elaboração (Wechsler, 1999). Os psicoterapeutas infantis têm de lançar mão de recursos pessoais e técnicas que lhes propiciem ajudar a criança a identificar seus conflitos e buscar recursos internos e externos para resolvê-los.

Sendo o brincar seu comportamento mais comum, é assim que pode se comunicar e expressar seu mundo interno.

Isso foi considerado inicialmente por Melanie Klein (1969), e se tornou instrumento de trabalho dos psicanalistas que interpretavam a brincadeira da criança tal como a associação livre na análise de adultos.

No psicodrama, o jogo dramático não é interpretado. O foco do psicoterapeuta está nas relações da criança e nos papéis que são jogados para resgatar sua espontaneidade e criatividade durante o "como se". O jogo dramático também possui regras constituídas pelo grupo ou criança, tal como a demarcação do contexto dramático, que ajusta o tempo e o espaço ao momento. Jogam-se papéis e contrapapéis psicodramáticos que pertencem ao "como se" e no "como é" retomam-se os papéis sociais. O jogo dramático é facilmente empregado com crianças pela sua capacidade de utilizar o brincar como forma de expressão.

Perazzo (1994) traz o conceito de *papéis de fantasia*: papéis jogados na brincadeira espontânea da criança, com os quais ela é capaz de criar, reconhecer, imitar e interpretar. Morais (1980, p. 23) observa que "as crianças mais eficientes na interação social brincam mais de faz de conta, sendo, portanto, sustentável que o treino na representação de papéis é importante para a eficiência comunicativa da criança". A criança em idade escolar sabe distinguir o que existe de fato da brincadeira de "faz de conta" e, por meio dela, fica relativamente livre de tensões impostas pela realidade social ao ter comportamentos que seriam inibidos numa situação concreta. Por isso, o contexto dramático é o lugar e o momento em que o protagonista poderá modificar, romper e refletir sobre regras impostas. A criança mais nova, pré-escolar, se confunde ou não distingue as formas e os níveis de realidade; mas é consciente de que, ao brincar, está lidando com fatos diferentes daqueles do cotidiano (Morais, 1980).

Observamos na prática com crianças pré-escolares que elas preferem objetos ou brinquedos em miniatura para se expressar. Algumas vezes, passamos semanas a fio realizando histórias com os mesmos personagens e cenário. O tema da dramatização se repete com pequenas diferenças até que os papéis desempenhados sejam suficientemente jogados e elaborados. Essa elaboração se confirma pelas mudanças no comportamento da criança no contexto social, relatadas por seus cuidadores.

Quando a criança realiza a mesma história algumas vezes, é comum que ela passe a interpretar os personagens que eram antes representados por brinquedos. Quando isso ocorre, considera-se que o brinquedo era um instrumento que intermediava sua relação e que agora ela se encontra devidamente aquecida para jogar esses papéis. Com a repetição de histórias, ela revela o seu mundo e o sentido que ele tem, ou o revê por meio dos papéis de fantasia (Perazzo, 1994).

Tassinari (1990), quando escreve sobre a utilização de brinquedos, afirma que não os considera objetos intermediários da relação – já que não faz referência à teoria de Rojaz-Bermúdez (1972). Para essa autora, a criança usa o brinquedo porque necessita desse recurso para diferenciar o "como se", contexto dramático, do "como é", contexto social. Concordo com ʼTassinari, mas compreendo que, por vezes, a criança também emprega o brinquedo como intermediário da relação. Crianças escolares apreciam jogos e outros brinquedos; elas os utilizam na sessão psicoterápica não para caracterizar o "como se", mas porque gostam, porque se expressam por meio deles e se apoiam neles para iniciar um contato. O trabalho de Wechsler (1999) confirma essa tese e vai além: para a autora, eles têm cunho educacional e possibilitam que a criança desenvolva recursos mentais a partir do jogo.

Algumas crianças dispensam qualquer espécie de brinquedo e partem diretamente para a ação dramática. Há também aquelas que utilizam outros objetos que auxiliam no desempenho do papel dramático: capas de Zorro, Batman, vampiros, monstros, ou fadas e princesas; máscaras e chapéus que compõem os mais diversos personagens e suas diferentes expressões, aquecendo-as para o papel dramático.

Independentemente do jogo escolhido ou da história que será dramatizada, o foco do psicoterapeuta psicodramatista deve estar na relação, no papel e no contrapapel que naquele momento são jogados. As crianças escolares gostam de jogos, sejam eles de competição, sorte, simulacro ou vertigem. O que importa é que o psicoterapeuta perceba qual é a função do jogo naquele momento, para que, a partir dele, os papéis psicodramáticos se revelem e possam ser jogados.

O brincar, então, é forma de expressão dramática, o que não significa necessariamente dramatização de uma história. A criança protagonista irá se expressar no decorrer do processo psicoterápico e, para que a sessão ocorra, é preciso outro instrumento do psicodrama: o diretor.

Diretor e ego-auxiliar

O PSICOTERAPEUTA, DURANTE A sessão psicodramática, assume três funções: de *diretor* da cena, no momento em que dirige a ação dramática, mantendo protagonista e plateia aquecidos; de *terapeuta*, ao atentar-se para sentimentos, emoções e pensamentos presentes na cena; e de *analista social*, no que se refere a pontuações e comentários percebidos durante o processo de dramatização (Moreno, 1975).

Como diretor, é importante que o psicoterapeuta mantenha o aquecimento em benefício da expressão da criança. Isso implica estar disponível para acolher e acompanhar suas propostas, favorecendo o exercício de papéis psicodramáticos. A atenção aos sentimentos, às emoções e aos pensamentos da criança permite ao psicoterapeuta o desempenho de papéis psicodramáticos significativos para ela, assim como o conhecimento que tem dos seus contrapapéis no contexto social (por exemplo, pai, mãe, irmãos e outros).

No contexto dramático da psicoterapia individual, o psicoterapeuta psicodramatista exerce dois papéis concomitantemente: de *diretor* e de *ego-auxiliar*. Para Moreno (1975), o ego-auxiliar tem a função de ator, pois representa papéis e contrapapéis, viabilizando a cena. Além disso, ele auxilia o terapeuta do protagonista a captar sentimentos e desempenhar papéis complementares que possam facilitar a catarse de integração. Logo, o psicoterapeuta de crianças necessita ter essa capacidade de dirigir e atuar ao mesmo tempo. Isso não significa, porém, que numa sessão psicoterápica individual de adultos essa dualidade não ocorra; a diferença reside na maior atenção, dada pelo psicoterapeuta infantil, ao momento de exercer cada um dos papéis psicodramáticos que ora lhe são designados, ora ele os traz por meio de sua percepção do movimento da criança – sem esquecer que ela transita com mais liberdade entre os contextos dramático e social, especialmente as pré-escolares.

O psicodramatista psicoterapeuta de crianças tem de ter um gosto especial pelo brincar, jogar e desempenhar papéis. Não que isso não deva estar presente em todos os psicoterapeutas de crianças, mas na prática psicodramática reside uma atenção maior no exercício do contrapapel.

Para Petrilli (2000), a função do psicoterapeuta é *metabolizadora*, o que significa que, mediante a relação horizontal com a criança, ele poderá lhe dar continência e promover devoluções. Para Gonçalves (1988), o psicoterapeuta também realiza devoluções, mas por meio da interpretação no psicodrama analítico. No trabalho infantil, o psicoterapeuta, quando desempenha o papel de diretor, não interpreta; quando é ego-auxiliar e está exercendo um contrapapel, está livre para fazê-lo e todas as suas falas surgem do personagem, não se constituindo como interpretação. A diferença do exercício do papel de diretor com crianças ou adultos é sutil. É importante a disponibilidade para brincar, jogar e desempenhar os contrapapéis que lhe são designados – geralmente muitos ao mesmo tempo.

Plateia

FINALMENTE, TEMOS A PLATEIA, que é constituída por todas as pessoas presentes que não estão incluídas no "como se" dramático. Norteadora da sessão psicodramática, ela funciona como uma caixa de ressonância para o protagonista e, por conseguinte, auxilia o diretor e os egos-auxiliares, orientando-lhes o trabalho. Moreno (1975, p. 19) afirma:

> O quinto instrumento é o público. Este se reveste de uma dupla finalidade. Pode servir para ajudar o paciente ou, sendo ele próprio ajudado pelo sujeito no palco, converte-se então em paciente. Quando ajuda o paciente, é um sólido painel de opinião pública. Suas respostas e comentários são tão extemporâneos quanto os do paciente e podem variar desde o riso ao violento protesto. Quanto mais isolado estiver o paciente, por

exemplo, porque o seu drama no palco é formado por delírios e alucinações, mais importante se torna para ele a presença de um público disposto a aceitá-lo e compreendê-lo. Quando o público é ajudado pelo sujeito, assim se tornando o próprio sujeito, a situação inverte-se. O público vê-se a si mesmo, isto é, uma de suas síndromes coletivas é retratada no palco.

No caso da psicoterapia psicodramática individual com crianças, pode haver plateia nas sessões com participação de outro(s) indivíduo(s) que faça(m) parte do átomo social da criança – isto é, outros familiares ou pessoas significativas que vão para uma sessão vincular.

7 Início do trabalho psicoterápico

ANTES DE DISCORRER sobre as etapas de uma sessão, é preciso fazer algumas considerações a respeito das primeiras sessões com a criança e com os pais, as quais iniciam o processo psicoterápico. Essas sessões se diferenciam do processo como um todo porque têm funções mais específicas: conhecer a rede sociométrica na qual a criança está inserta, seu *status* sociométrico, os papéis que lhe são designados e os que ela joga, os conflitos que originaram a psicoterapia.

As primeiras sessões

BASEADAS EM CONTE E Regra (2000), que pesquisaram a história da psicoterapia, ocorreram mudanças nas formas de intervenção durante o processo psicoterapêutico, em especial nas últimas três décadas. Se antes o processo era corretivo, atualmente a busca pelo trabalho psicoterápico se ampliou e abrange aspectos de prevenção e promoção à saúde. Do mesmo modo, a patologia, que era demarcada pelo processo diagnóstico, perdeu força para a compreensão do funcionamento da criança e seu complexo de adaptação ou não ao sistema em que vive.

O psicodrama não possui instrumentos de avaliação tais como os testes psicológicos. No entanto, é esperado do psicoterapeuta infantil um retorno aos pais do que percebeu ou concluiu do comportamento da criança que iniciou o trabalho psicoterápico. Esse é um processo comum às psicoterapias infantis de forma geral e foi ditado por autores contemporâneos que pesquisaram o tema (Kazdin, 1987; Conte e Regra, 2000; Nunes e Lhulier, 2003).

Dessa forma, após algumas sessões, essa devolutiva com os pais também acontece numa psicoterapia psicodramática. Em concordância com Tassinari (1990), considero que o terapeuta deva retornar aos pais como percebe o funcionamento da criança em relação com os papéis que desempenha e sua inserção no átomo social e familiar: quem são as pessoas que o constituem, como ela as percebe e se relaciona com cada uma, quais tensões e conflitos presentes e de quais recursos dispõe para lidar com as demandas apresentadas. Tudo isso em consonância com as queixas que motivaram a consulta psicoterápica.

As primeiras sessões com crianças

MORENO (1975) REALIZOU TESTES de desempenho de papéis com crianças para verificar sua espontaneidade – de modo, porém, que julgo inviável na situação psicoterápica. Com o intuito de pesquisar, as crianças foram convocadas a participar somente de um encontro, diferentemente do contrato psicoterápico que implica a construção de uma relação ao longo do processo. Então, pedir a elas que desempenhassem papéis desconectados de um objetivo mais claro seria recebido com certo estranhamento, além de o terapeuta correr o risco de a criança recusar-se a realizá-lo, seja por não estar suficientemente aquecida, seja por timidez ou desconfiança.

Assim, geralmente a primeira sessão é de livre escolha dela. No meu trabalho, deixo alguns objetos disponíveis, como uma casinha, alguns bonecos e materiais gráficos, para serem ou não utilizados pela criança, espontaneamente. Esses objetos funcionam como intermediários da relação, sendo utilizados no jogo dramático ou na construção do átomo social da criança.

A observação das relações da criança no contexto social já se inicia quando vou recebê-la. Noto qual sua receptividade e como foi a despedida de seu acompanhante. Na sala de psicoterapia, esse foco se mantém: é comum ela demonstrar interesse pelos brinquedos e comentar: "Tenho uma casinha quase igual a essa, a minha é cor-de-rosa". De forma geral, ela supõe que o terapeuta é um adulto amigável e o inclui nos seus planos de brinquedo: "Meu time é o Corinthians e eu gosto de jogar bola, vamos jogar?" Nesse momento, ela também se sente livre para expressar diretamente uma ampla variedade de sentimentos: "Minha mãe sempre atrasa e hoje a gente saiu correndo"; e para admitir alguns pensamentos ou sentimentos mais negativos: "Minha irmã é uma chata que não me deixa entrar no quarto dela".

É comum que crianças pré-escolares não queiram entrar na sala de atendimento sozinhas com o terapeuta. Quando isso ocorre, não vejo como um problema; considero que ela tem motivos para não se separar da figura que a acompanha e sente dificuldade em entregar-se a uma relação desconhecida. Os cuidadores são avisados de antemão dessa possibilidade, para que, nesses casos, a criança entre na sessão acompanhada de uma figura importante do seu átomo social. Com criança e adulto na sala, o percurso da primeira sessão é praticamente o mesmo, mas com a participação ativa do adulto. Se houve a necessidade de a criança entrar na sala com esse indivíduo, não posso ignorá-lo: trabalho os mesmos aspectos anteriormente mencionados, agora com a díade. Falo sobre o motivo de sua vinda, a proposta de trabalho e a disponibilidade do brincar. É comum que percorridos alguns minutos ela já se sinta segura, dispense seu acompanhante e a sessão prossiga apenas com ela e o psicoterapeuta.

Algumas famílias procuram psicoterapia para crianças bem pequenas, menores de 4 anos. Quando isso ocorre, prefiro recorrer às sessões vinculares, formadas pela criança e algum de seus cuidadores, porque o psicodrama trabalha sempre o indivíduo em suas relações, papéis e contrapapéis. A rede de relação de uma criança nessa idade, em geral, não vai além de sua família e cuidadores diretos; ela não desenvolveu muitos papéis sociais, até então, e considero favorável a possibilidade de trabalhar diretamente com seus contrapapéis. O pai ou a mãe constituem egos-auxiliares importantes para a criança, que lhes é ainda muito dependente. Ela passou para o segundo universo e para a terceira etapa da matriz de identidade há pouco; gradativamente irá adquirir a noção de realidade desse mundo ampliado que lhe traz surpresas, medos, desafios e conquistas com que terá de lidar. Porém, este trabalho não aborda a psicoterapia com crianças menores de 4 anos, tendo como foco a psicoterapia individual com crianças pré-escolares e escolares.

A concretização dramática das relações é comumente chamada de *átomo social* ou técnica de autoapresentação. Além de definir o que Moreno (1992) entende como sujeito e suas relações – menor unidade observável do Homem em relação –, o átomo social pode ser um instrumento que permite conhecer a criança. Por meio das entrevistas com a criança nos papéis psicodramáticos, é possível assinalar, esclarecer, levantar questões. Ou seja, o papel psicodramático oferece uma gama de possibilidades para que se trabalhe o átomo social.

Da mesma forma que o psicoterapeuta deixa a criança à vontade para fazer suas escolhas, pode também sugerir a construção do átomo social por meio de uma espécie de jogo, que consiste em selecionar alguma coisa da sala que a represente e ir colocando ao redor as pessoas importantes na sua vida. Acrescento que ela deverá escolher o lugar e a distância em que essa pessoa se posiciona, demonstrando como é sua relação com ela: mais próxima ou mais distante. Tanto as crianças pré-escolares quanto as escolares não encontram dificuldade em realizar o jogo em todas as etapas – na construção e na tomada de papéis.

Terminada a construção, peço à criança que a olhe de longe e confirme se está tudo correto ou se deseja fazer alguma alteração. Uma criança de pais separados, cuja mãe casou-se novamente e teve filhas gêmeas, ao realizar seu átomo, incluiu a filha da esposa do pai, que tinha o mesmo nome que o seu, e disse: "Eu sou a Paula 1 e ela é a Paula 2". Quando pedi para olhá-lo de longe, gritou: "Esqueci minhas irmãzinhas!" Ela incluiu a enteada do pai e excluiu as irmãs, além de a madrasta e o padrasto também ficarem de fora – investigar e compreender o significado das escolhas e rejeições possibilitou identificar seu átomo social e seu lugar na rede sociométrica em que estava inserta.

Uma criança perguntou se poderia colocar pessoas que já morreram e, diante da afirmativa, trouxe a avó e um passarinho. Outra ficou em conflito, porque precisava colocar uma amiga que está odiando muito longe dela. Disse que teria que jogar a almofada (objeto que a representava) pela janela; depois de muito refletir, escolheu colocá-la atrás do armário, ponto mais distante e escondido da sala. Ficou satisfeita e foi a primeira pessoa do átomo que escolheu para tomar o papel.

Dificilmente as crianças entram em todos os papéis que incluíram em seu átomo. Primeiro, porque geralmente são muitas pessoas; segundo, porque elas não têm tempo nem prontidão para tantos papéis. Suas escolhas partem dos iguais: amigos, irmãos, animais de estimação e, quando completam cerca de três tomadas de papéis, já se cansaram desse jogo. Porém, para o terapeuta é o suficiente para conhecer a criança quanto à sua espontaneidade, criatividade; à capacidade de desempenhar, inverter e tomar o papel do outro, de sua rede de relações; ao lugar sociométrico que ocupa na família nuclear e extensa e no grupo social; à sua percepção da relação com esses indivíduos; à capacidade télica; conflitos. Todos esses dados são refletidos com os pais e outros cuidadores para decidir quanto a necessidade ou não da realização do processo psicoterápico e da inclusão deles nesse trabalho.

A utilização do átomo social como forma de entender a criança e os vínculos familiares é comum na psicoterapia psicodramática. Por isso, ele também é chamado de técnica de auto-apresentação. No entanto, os autores de psicoterapia psicodramática com crianças não relatam se o utilizam nas primeiras sessões como parte do processo de compreensão do funcionamento da criança.

As primeiras sessões com os cuidadores

No trabalho com os pais ou cuidadores da criança também é utilizada a metodologia psicodramática, o que significa que eles poderão dramatizar. A construção do papel é feita na relação – e, no caso dos pais, na relação com os filhos. Inverter papéis com as crianças lhes permite ir além do *script* social de pai e mãe e conhecer o filho em sua subjetividade.

Quando é o casal parental que vem para essa primeira sessão, e não se trata de um casal separado, solicito uma *inversão de papéis* para que se apresentem (jogo de apresentação). Nessa inversão, peço que tragam características da relação com o filho, as facilidades e dificuldades no desempenho desse papel, a relação com o parceiro, e o que mais couber nessa relação. Aqueço o casal para essa proposta e deixo que escolham quem iniciará a apresentação. A inversão é sempre bem-aceita e suscita emoções, surpresas, sentimentos de compaixão, concordâncias e, por vezes, discórdias. Um pai, no papel de mãe, disse: "Sinto-me só por muitas vezes, fico cansada de ser quem dá bronca o tempo todo". Ao ouvir isso, os olhos da esposa se encheram de lágrimas, pois ela não tinha ideia de que o marido a compreendia. Ela, no papel dele: "Chego tarde em casa e, mesmo que as crianças estejam aprontando, não ligo muito; tenho medo de ser o pai ausente que além de tudo é bravo." Essas ações possibilitam uma sensibilização maior dos pais e cuidadores à criança, favorecendo o comprometimento com o processo psicoterápico e a reflexão sobre o exercício de seus papéis parentais – podendo questioná-los, mudá-los e recriá-los, em favor do bem-estar da criança.

O trabalho com pais é referido pelos autores psicodramatistas. Tassinari (1990) enfatiza a família e, somente depois de fazer uma pesquisa no átomo familiar, decide quem deve ser paciente da psicoterapia. Petrilli (2000) também trabalha com os familiares, embora seu foco seja a criança e não tenha o objetivo de "rematrizar" as relações familiares, como afirmam Ferrari e Leão (1982), além de Benedito, Baptista, França e Vero (*apud* Gonçalves, 1988).

Nas primeiras sessões com os pais ou cuidadores ocorrerá a devolutiva, já mencionada, cujo objetivo é lhes retornar a compreensão que o psicoterapeuta teve da criança: seu funcionamento, conflitos, recursos dos quais dispõe ou não para lidar com as dificuldades. Refletidas tais descobertas em relação à queixa apresentada inicialmente, avalia-se a necessidade da psicoterapia.

Utilizar técnicas do psicodrama no trabalho com os pais e responsáveis possibilita ampliar o conhecimento sobre eles. O objetivo do psicoterapeuta é favorecer e incrementar as relações télicas entre as pessoas dessa microssociedade que é a família, bem como fazer que desempenhem o papel do filho e interajam com ele ao longo do processo psicoterápico.

8 Etapas da sessão psicodramática

A SESSÃO PSICODRAMÁTICA possui, além de seus contextos e instrumentos, uma estrutura cuja prática é constituída por etapas. Esse processo do trabalho psicodramático foi dividido por Moreno (1975) em três etapas: aquecimento, dramatização e compartilhar. Cada uma delas será discutida,com base no que foi desenvolvido pelo autor, e ilustrada com fragmentos de sessões.

O aquecimento, primeira etapa de uma sessão de psicoterapia psicodramática, é importante no processo e constrói a passagem de um contexto a outro (Moreno, 1975, 1983, 1984, 1999). Na literatura de psicodrama, ele é citado quando se fala sobre contextos grupal e dramático, com a função de preparar o protagonista para atuar no "como se", na cena dramática.

Moreno (1975) foi estabelecendo essa forma de realizar psicoterapia ao longo do desenvolvimento de sua teoria. Do mesmo modo que verificou o valor da representação de papéis para a liberação da espontaneidade e criatividade, observou que era necessário aquecer-se para tal exercício.

Aquecimento

O PROCESSO DE AQUECIMENTO preparatório foi estudado por meio de suas observações iniciais com crianças e bebês (Moreno, 1975). O autor estava interessado em investigar a espontaneidade e percebeu que esse estado é gerado por vários dispositivos de arranque, aos quais chamava de *starters*.

[...] O sujeito põe em movimento corpo e mente, usando atitudes físicas e imagens mentais que levam à consecução do estado. Dá-se a isto o nome de processo de aquecimento preparatório. Este processo pode ser estimulado por dispositivos físicos de arranque (um complexo processo físico em que as contrações musculares têm um papel dominante), dispositivos mentais de arranque (sentimentos e imagens no sujeito que são, com frequência, sugeridos por uma outra pessoa) e dispositivos psicoquímicos de arranque (a estimulação artificial através do álcool e do café, por exemplo). (Moreno, 1975, p. 300-1)

O aquecimento para a ação é parte de um processo natural do funcionamento humano. Ele manifesta-se em toda e qualquer expressão do organismo vivo, ao realizar um ato. Moreno (1975, p. 106) afirma que "o aquecimento possui uma expressão somática, uma expressão psicológica e uma expressão social". O processo de aquecimento preparatório é acompanhado por sinais fisiológicos que se desdobram e libertam emoções simples, mas não surgem necessariamente reações verbais. Para cada ato espontâneo, um conjunto de expressões aparece; o autor exemplifica (*ibidem*, p. 133):

[...] respiração acelerada, bocejos, tremores, acessos, crispação dos músculos faciais, incapacidade de falar, gritos repentinos, torcer as mãos etc., desenvolve uma outra tendência afetiva, ansiedade, medo, desespero ou uma combinação destes.

No desempenho de papéis, Moreno (1999) observou que, quando um indivíduo está inteiramente absorto em seu papel, nenhuma parte do seu *ego* permanece livre para observar e registrar na memória. Nesse caso, há um envolvimento e uma favorável entrega total do indivíduo ao desempenho do papel. O contrário também ocorre: a chamada *improvisação espontânea* (*ibidem*, p. 287) é, na verdade, uma espontaneidade fraca, que pode atrapalhar a representação e destruir o processo psicoterápico. Então, o método do aquecimento foi desenvolvido para o trabalho psicoterápico com grupos (1999). Sua função é estimular o corpo e a mente para atitudes e atuações espontâneas – para aquecer o corpo, movimentos corporais diversos; para aquecer a mente, estímulos variados, geralmente oferecidos por outra pessoa.

Moreno afirma que o processo de aquecimento é a *expressão operacional da espontaneidade* (1992, p. 150), isto é, um conceito que resume as operações subjetivas e objetivas que conduzem a uma resposta adequada, por parte do indivíduo, e implicam iniciadores físicos, mentais e psicoquímicos. Moreno sugere ainda acrescentar outro iniciador: o simbólico, composto por fantoches, contos de fadas etc. Essa referência é feita pelo autor na introdução do livro de J. G. Rojas-Bermúdez *Títeres y psicodrama,* publicado em 1970, que trata de psicóticos crônicos por meio de objetos intermediários. No caso de psicoterapia infantil, incorporam-se também os brinquedos, jogos e brincadeiras em geral.

Também é necessário que o diretor, e não somente o ator, esteja aquecido para a ação dramática. Quando trabalhou sobre grupos, Moreno observou que a maneira mais segura de fazer parte do processo de aquecimento era tornar-se membro do grupo. Por isso, criou a regra da coação do pesquisador (diretor) sobre o grupo (sujeito da psicoterapia) (Moreno, 1992). Assim, o diretor também se aquece para a psicoterapia, para a ação dramática. Esse aquecimento ocorre num processo conjunto, definindo o papel que cada membro do grupo desempenha (no contexto grupal: psicoterapeuta e paciente; no contexto dramático: diretor/ego-auxiliar e paciente nos papéis psicodramáticos).

Numa sessão de psicodrama, o aquecimento é subdividido em *inespecífico* e *específico*. O primeiro é um aquecimento que se realiza por meio de iniciadores físicos, mentais, psicoquímicos e simbólicos, preparando o paciente para a ação dramática. Já o aquecimento específico é aquele que permite a passagem do "como é" para o "como se", para o contexto dramático. Numa psicoterapia de grupo, ocorre quando já foi escolhido o protagonista e ele é aquecido para sua cena. Na cena protagônica, egos-auxiliares também poderão desempenhar papéis e devem ser aquecidos especificamente. Tal aquecimento prepara todos para o contexto dramático e segue a direção da cena protagônica; ele se faz durante a própria montagem do cenário, a escolha dos personagens, a tomada de papel etc. O aquecimento deve se manter durante o desenrolar da cena, pois libera a espontaneidade no desempenho dos papéis. O mesmo ocorre na psicoterapia psicodramática com crianças.

A literatura de psicodrama infantil registra que a etapa do aquecimento algumas vezes é desnecessária para os pré-escolares (Gonçalves, 1988). Comparando-o com o psicodrama realizado com adultos, que tem claramente uma etapa de aquecimento inicial, concordo com Gonçalves; às vezes, a criança entra para a sala de atendimento já distribuindo papéis e iniciando uma dramatização – aquecida para o jogo dramático. Entretanto, o aquecimento é sempre necessário, mesmo que eventualmente prescinda de uma ação do psicoterapeuta, para que todos os envolvidos encontrem uma forma comum de trabalho.

Às vezes, com crianças, o psicoterapeuta deve agir mais no sentido de aquecer-se para acompanhar a criança que entra rapidamente no contexto dramático. Considerando o aquecimento como facilitador para que um projeto dramático aconteça, bem como mantedor da delimitação entre os contextos dramático e grupal, o jogo de papéis e o desfecho da trama dependem do aquecimento contínuo de criança e psicoterapeuta. A manutenção do aquecimento é proporcional à boa e constante percepção da atuação da criança, desde a proposta inicial de ação até o final da sessão.

Uma menina de 5 anos chega à sala de psicoterapia dizendo que quer jogar memória. Vai até o armário, pega o jogo que lhe interessa e iniciamos a partida. Ela joga silenciosa e concentradamente; segue as regras com precisão e observa o desempenho da terapeuta. Ela ganha o jogo por um ponto e, ao ser elogiada pela sua adversária, sorri satisfeita e diz: "Agora podemos brincar de mamãe e filhinha!" Jogar memória funcionou como o aquecimento inespecífico daquela sessão, porque nesse período inicial ela foi acolhida em sua escolha; uma brincadeira que lhe permitiu um tempo para estar com o outro de maneira tranquila, com o jogo e suas regras intermediando a relação. O tempo dessa atividade não foi preestabelecido: seguimos o curso natural do jogo e, assim, parece ter sido o suficiente para ela. O jogo era de uma disputa com o outro e consigo mesma; o seu sucesso forneceu segurança e confiança para a etapa seguinte: brincar de mamãe e filhinha.

Durante o aquecimento específico, ela deixou claro que o papel da filha seria seu e decidiu que eu assumiria o papel da mãe. A justificativa foi porque sou grande – esse critério segue o padrão do papel social de mãe: o adulto é maior, responsável, cuida da criança. Além disso, foi decisivo também o fato de ela ter experimentado estar comigo momentos antes, o que lhe revelou que eu tinha características importantes para o desempenho desse papel: acolhimento, submissão, reconhecimento ou o que mais o papel de mãe pudesse representar. Ela tinha algo para contar no papel de filha e eu faria o contrapapel.

Com os papéis definidos, começamos a demarcar o cenário: é noite e vamos dormir; escolhemos onde serão nossos quartos e camas. O psicoterapeuta no papel de diretor delimita o contexto dramático, criando com a criança detalhes do cenário quanto ao espaço e ao tempo. Essas marcações auxiliam criança e diretor a adentrar no contexto dramático por meio da imaginação, facilitando o processo de entrada no "como se".

O aquecimento também é importante no caso de crianças impulsivas e ansiosas, características desfavoráveis à ação dramática. Por exemplo, uma garota de 6 anos chega sempre muito agitada, falando rapidamente, sem concluir um pensamento, tarefa ou história. Esse traço de seu comportamento se repete sempre. Ela pega a casinha, alguns bonecos e inicia uma história; o diretor, sem interromper seu brincar, deve demarcar o contexto dramático, anunciando que uma história está se iniciando e solicitando que o cenário seja construído e os personagens caracterizados.

O diretor procura dar ênfase a cada etapa da arrumação da casa e à escolha dos personagens, para que a criança desacelere e se aqueça para a ação dramática e conjunta. Ela escolhe os personagens (mãe, pai e filhas gêmeas), define onde estão, qual o período do dia e o que cada um está fazendo, dados importantes para o desenrolar da história. O diretor entrevista cada personagem fazendo perguntas simples e arruma o cenário junto com a criança. Essa história, sempre com os mesmos personagens, representados por bonecos, se repetiu em várias sessões.

Quando a criança inicia rapidamente uma história, ela pode ou não já estar aquecida para a ação dramática. No caso dessa criança, um dos cuidados do diretor foi mantê-la aquecida no decorrer da cena. Sua ansiedade dificultava o desempenho dos papéis e sua desorganização se manifestava pelo desempenho de vários papéis ao mesmo tempo, atropelando o percurso de cada um. Isso é o que Moreno chamou da improvisação espontânea para o desempenho do papel, situação em que o aquecimento é essencial à criança e ao diretor. Ele pode ser feito por meio de *duplos* dos personagens, conceito explicado mais adiante. Por exemplo, "Estou confusa, agora há pouco estava no quarto com minha irmã, agora já estou em cima do telhado, minha mãe está gritando comigo, meu pai não faz nada, isso aqui está uma bagunça!" Outro duplo: "Essas meninas me deixam maluca, elas não param! Estão fazendo uma desordem muito grande na casa e eu não estou gostando nada disso!" Por meio da técnica do duplo, a criança pode dimensionar o seu movimento e reorganizar o percurso de seu pensamento e da construção do enredo dramático. Ao mesmo tempo, o diretor, por meio dos duplos, também se aquece para esses papéis psicodramáticos e adentra no drama trazido pela criança.

Em outra situação, o psicoterapeuta recebe a criança na sala de atendimento, perguntando o que havia feito enquanto não se viram (foi um tempo maior em função de feriados). O contexto era o grupal e a pergunta tinha o intuito de demonstrar interesse pela criança, que já tinha em mãos bloco de papel e lápis, e acolhê-la. Ela respondeu: "Caguei na sua cabeça". Nova pergunta: "E o que mais?". "Caguei na sua cabeça". Enquanto falava isso, ia desenhando corações. Ela tinha uma relação ambígua com o psicoterapeuta, ao que lhe foi respondido: "Poxa, você pensou bastante em mim, eu também fiquei com saudades". Ela não disse nada e em seguida sugeriu que retomassem a história da sessão passada: duas garotas que se invejavam e se roubavam mutuamente.

Diferentemente da criança citada antes, esta não estava agitada; seu comportamento era calmo e ela logo ofereceu um contrapapel ao psicoterapeuta: daquele que será desprezado e invejado. O trabalho do psicoterapeuta no papel de diretor foi de separar o "como se" do "como é" para a criança. Novamente, o contexto dramático foi demarcado e os personagens construídos. Ambos foram se aquecendo para os papéis, colocando roupas e acessórios que compunham o papel psicodramático. O cenário foi construído imaginariamente: estavam numa festa. O comentário inicial do diretor teve a função de delimitar contextos e aquecer a criança para a entrada no contexto dramático, que a partir daí foi mais específico.

Outras crianças primeiro preferem construir, ou escolher, um jogo e depois ser aquecidas para assumir o personagem e jogar no "como se". Dessa forma, o jogo é um aquecimento inespecífico para a ação dramática, enquanto a construção dos personagens é o aquecimento específico. Isso é mais comum nas crianças acima de 7 anos, que não têm como primeira escolha o jogo dramático e precisam ser aquecidas para ele, à semelhança dos adultos. Essa ideia é compartilhada por outros psicodramatistas (Gonçalves, 1988; Tassinari, 1990). Sair do papel social e assumir um papel psicodramático oferece ao terapeuta a possibilidade de estabelecer com a criança uma relação mais espontânea. Partimos para a investigação: quem vai jogar? Quem são essas pessoas? Qual a idade delas? Sexo, nome? Onde estão? Auxilio a criança a fazer suas escolhas e determinar os papéis. Assim, seu ego-auxiliar fará o contrapapel que, naquele momento, contém elementos que necessitam ser vividos na relação. Uma escolha frequente, entre as crianças de todas as idades, é o desenho – forma de expressão livre que precede à escrita e à leitura, encontrada em todos os níveis socioeconômicos e culturais (Wechsler e Nakano, 2012). Como aquecimento para a ação, especialmente nos momentos iniciais de contato com a criança, o desenho em geral é bem-aceito, pois é considerado uma forma de brincar – e, por isso, intermediário da relação. No psicodrama, o desenho e sua exploração por meio de histórias podem ter como objetivo aquecer a criança para a ação dramática. É oferecida a ela uma conduta ativa para buscar no "como se" situações antes limitadas ao seu desenho. Ele funciona como um iniciador físico e mental para aquecer a criança a entrar no papel psicodramático.

Então, o aquecimento inicial na sessão com crianças pode ocorrer de várias formas: mediante jogos diversos, desenhos, brincadeiras etc. Esse instrumento pode ser mantido no percurso da dramatização, como uma espécie de pano de fundo onde o drama se manifesta. Ou seja, personagens podem surgir por meio de um jogo de regra ou desenho, e sua passagem para o contexto dramático ocorre sem que necessariamente as atividades se interrompam.

As crianças acima de 7 anos podem também trazer cenas do seu cotidiano para serem trabalhadas. A partir dessa idade, a criança já percorreu etapas do seu desenvolvimento que a levaram a uma elaboração mental mais sofisticada que as menores (está na terceira fase da matriz de identidade: *brecha entre a fantasia e a realidade*

(Moreno, 1975), capacitada para realizar a inversão de papéis), compreendendo situações do seu dia a dia que a incomodam e que a psicoterapia é um espaço onde ela pode contar essas histórias.

Quando a criança traz uma cena do seu cotidiano, o aquecimento se dá por meio da construção do cenário dramático e dos personagens que contracenam com ela, além da investigação de detalhes de tempo e espaço. Isso está de acordo com a afirmação de Tassinari (1990) de que as crianças maiores necessitam de mais investimento na etapa de aquecimento, porque já estão com capacidade espontânea menor devido às conservas culturais. Investir na sua capacidade imaginativa também contribui para a liberação da espontaneidade.

Dramatização: uso e função das técnicas psicodramáticas

A DRAMATIZAÇÃO É A etapa de uma sessão de psicoterapia psicodramática em que a ação dramática é coconstruída; é o contexto do "como se", em que as cenas se desenvolvem com base em elementos trazidos pelo protagonista (Moreno, 1975, 1983, 1984, 1999).

Na psicoterapia psicodramática, cliente e psicoterapeuta elaboram e executam um *projeto dramático* que, segundo alguns psicodramatistas contemporâneos (Perazzo, 1994; Aguiar, 1998), era a meta de Moreno (1975): expor a verdade do indivíduo por meio da ação dramática. Perazzo (1994) assinala que há o *projeto dramático latente*, no qual cada uma das partes mantém sua função ligada ao papel social – ou seja, o de psicoterapeuta que deve cuidar e o do cliente que está para ser cuidado, semelhante ao que tradicionalmente é conhecido como contrato de trabalho. Há também o *projeto dramático manifesto*, coconstruído na sessão; este leva em conta a subjetividade da criança e do psicoterapeuta, o que a criança tem a dizer, manifestar, vivenciar naquela sessão, acompanhada e compartilhada pelo psicoterapeuta, que desempenhará os contrapapéis – por isso uma cocriação. E esse projeto dramático, cocriado coinconscientemente por psicoterapeuta e criança, se torna ação na dramatização.

Moreno (1999, p. 85) verificou a importância da dramatização explorando o conceito de *momento*, o "aqui e agora" em que adultos e crianças podem expressar o que ele chamou de "Vivências impressionantes do passado [que] se exteriorizam de alguma forma nas vivências atuais". Passado, presente e futuro podem ser experimentados no contexto dramático sem a preocupação da lógica temporal. A cena dramática se caracteriza por sua atualidade: ela é sempre uma criação do momento. As crianças, em especial as pré-escolares, facilmente imaginam e criam histórias. Criar uma cena dramática usando a imaginação é uma alternativa que a criança encontra para as respostas e os comportamentos já conservados, as repetições de seu cotidiano.

Aguiar (1998), psicodramatista brasileiro reconhecido por seu trabalho com teatro espontâneo, reflete que a vantagem de usar a imaginação é que a liberdade de criação torna a cena mais fluente, possibilitando a contribuição do outro por meio do contrapapel. As cenas criadas refletem os conflitos e contradições que permeiam a vida comum – não só da criança, mas de todos –, com a diferença de que foram construídas com base no sofrimento da criança. A singularidade da criança está inserta num contexto mais amplo, coletivo, do qual o psicoterapeuta também faz parte – "O singular de um indivíduo é único na coletividade" (Aguiar, 1998, p. 129). A ideia de que o conflito tem que ver com a forma como estão estruturadas as relações dentro da coletividade mostra a importância do contrapapel na encenação psicodramática. A criação permite emergir a estrutura vincular dos papéis que são jogados. E o efeito terapêutico disso está vinculado à manifestação do coinconsciente, ou seja, à experiência vivida e compartilhada por meio da cocriação.

Para Moreno (1983), coconsciente e coinconsciente são estados que ultrapassam os limites do espaço psíquico individual, podendo ser revividos e atuados pelos sujeitos e por aqueles que possam se vincular a conjuntos de sentimentos, sensações e crenças. A essa dimensão relacional Moreno chamou de *interpsique*, que são modos específicos de ser e de se relacionar, originários em duas ou mais pessoas, acessíveis ou não à consciência.

Knobel (2009, p. 4), explorando o conceito de coinconsciente em Moreno, complementa:

> Além disso são estados, conjuntos de qualidades e de características móveis e conjunturais que se organizam, em parte intencionalmente e em parte por acaso, na convivência estável e significativa. Constituem um tecido relacional de base, uma matrix compartilhada por pessoas (inter) que deixa vestígios e fragmentos dessas experiências compartilhadas nas pessoas (intra) e se mantém como histórias, mitos e tradição cultural para além das pessoas concretas. Abrange tanto modelos relacionais usuais nas/das famílias, como seus significados oriundos da vida social e cultural.

Ambas as dimensões, consciente e inconsciente, estão presentes nas relações. Os modelos relacionais e familiares insertos na vida social e cultural fazem parte da singularidade do indivíduo – e vice-versa. Assim, a criança pode, por meio da relação com o psicoterapeuta nos contrapapéis, experimentar novas formas e padrões de comportamento que são permitidos no "como se", mas proibidos ou dificilmente realizáveis no contexto social, pela história na qual a criança está inscrita. Questionar padrões de conduta familiar e social, experimentar no "como se" a inversão de valores e de papéis sociais predeterminados, explorar seus recursos, defrontar-se com seus limites são possibilidades que ela tem na ação dramática. Além disso, os fatores *e* (espontaneidade) e *t* (tele) podem ser liberados e experimentados. O trabalho de Moreno com o teatro espontâneo levou-o a perceber que jogar papéis dramáticos possibilitava romper com regras aprisionadas na conserva cultural.

Para Perazzo (1996, p. 4), na dramatização:

> As tramas ocultas dos dramas privados de cada um se misturam e se esclarecem num mesmo drama coletivo. Aquilo que até então era coinconsciente se torna coconsciente, mesmo que não verbalizado, para todos, inclusive para o diretor e para os egos-auxiliares.

Considerando que no psicodrama com crianças o psicoterapeuta assume a função de ego-auxiliar e contracena com elas, o fluxo das emoções, pensamentos e atitudes que permeiam os papéis jogados é possível pela presença dos estados coconsciente e coinconsciente na relação. A atenção e a sensibilidade do psicoterapeuta devem encaminhar-se para uma relação télica, fazendo que o jogo dramático que se manifesta seja acolhido, vivido e conduzido a um desfecho – que não significa necessariamente um final da história, mas o retorno ao contexto grupal e, depois, ao social. Assim como o contexto dramático possibilita a liberação da espontaneidade, é também função da psicoterapia psicodramática o retorno ao papel social. Moreno considerava que a função do papel psicodramático, após a liberação da espontaneidade, era revitalizar e trazer novas possibilidades de ação para o papel social em relação a seus contrapapéis.

Sendo criação, a dramatização é a concretização de uma *realidade suplementar*, que, segundo Zerka Moreno (2000, p. 46), é "uma dimensão que vai mais além da realidade subjetiva e objetiva". Essa afirmação baseia-se em depoimentos de seu marido, para quem os protagonistas se moviam dentro de áreas reais somente para eles, de caráter puramente subjetivo. Diante disso, Moreno afirma que o psicoterapeuta só chega verdadeiramente ao psiquismo do paciente se estiver junto com o protagonista na realidade suplementar. Este é o movimento do psicoterapeuta psicodramatista de crianças: um mergulho na subjetividade infantil, que, por vezes, será compreendida somente por meio do desempenho de contrapapéis.

Continuando seu pensamento sobre a dramatização, Perazzo (1996, p. 4) conclui que:

> [...] dessa forma, também estaremos nos libertando e construindo um *status nascendi* novo de uma forma de viver, a partir de novas inscrições, registros, de modos relacionais. Um novo existir consigo mesmo, a partir de uma nova maneira de existir com os outros.

O autor reflete sobre o efeito da dramatização em experimentar novos parâmetros relacionais, mais favoráveis à liberação da espontaneidade e menos aprisionados às conservas culturais. Para a criança, significa também desenvolver novas perspectivas de conhecimento, aprender a lidar com diferentes papéis sociais – que têm *scripts* divergentes e ela aprende a escolher dependendo de quando, como e com quem se relaciona.

Como já assinalado na discussão sobre contextos, a etapa da dramatização com crianças também pode ter uma demarcação diferente de uma sessão com adultos. Ora ela já começa na entrada da sala de psicoterapia, ora após o início de um jogo, um desenho etc. O aquecimento marca a passagem de um contexto a outro, e algumas crianças encontram-se suficientemente aquecidas para o papel psicodramático. O psicoterapeuta mantém seu papel de diretor e ego-auxiliar: como diretor, deve conduzir o aquecimento da criança e o dele, para que os papéis psicodramáticos possam ser jogados, e demarcar entradas e saídas de contexto. Como ego-auxiliar, deve manter-se aquecido para jogar o contrapapel psicodramático.

Trabalhar dessa forma, em geral, independe de as queixas da criança serem somente de ordem emocional ou com componentes orgânicos. A mudança ocorre no aquecimento, variando em relação ao tipo, à intensidade e à frequência. Na ação dramática, nem sempre são jogados papéis psicodramáticos; o que importa é que um projeto dramático seja construído com a criança e executado. As etapas da sessão psicodramática, às vezes, ocorrem ao longo do processo psicoterápico. Os fragmentos de sessão apresentados a seguir contêm uma ação dramática e favorecem a compreensão do uso de técnicas psicodramáticas.

O psicodrama é uma teoria da ação e Moreno (1975) desenvolveu técnicas que auxiliam na condução do trabalho dramático – três técnicas básicas, que se originaram na matriz de identidade. Ao estudar o desenvolvimento da criança e conceituar as fases da matriz de identidade, Moreno observou que algumas ações eram peculiares a cada uma delas.

Fase do duplo – é a da "indiferenciação e onde a criança precisa sempre de alguém que faça por ela aquilo que não consegue fazer por si própria, necessitando, portanto, de um ego-auxiliar" (Gonçalves, 1988, p. 62). Seu nome foi inspirado no *doublé* do cinema.

Fase do espelho – caracteriza-se pela presença de dois movimentos que se mesclam: o de concentrar a atenção em si, esquecendo-se do outro, e o de concentrar-se no outro, ignorando a si mesmo. O nome deve-se ao fato de, nessa fase, a criança ver sua imagem refletida na água ou no espelho e ainda não se reconhecer, dizendo "Olha o outro nenê" (*ibidem*).

Fase de inversão – momento em que, "em primeiro lugar, existe a tomada do papel do outro para em seguida haver a inversão concomitante dos papéis" (*ibidem*, p. 62).

Com base nas fases, Moreno criou as técnicas do *duplo, espelho* e *inversão de papéis*, cada uma com funções específicas.

O duplo, realizado pelo psicoterapeuta ou ego-auxiliar, consiste em colocar-se na mesma sintonia do protagonista e trazer à tona sentimentos, pensamentos, emoções que ele não consegue discernir sozinho.

O espelho é a técnica que oferece a possibilidade de se ver refletido, de perceber seu comportamento – esse é seu valor terapêutico (Moreno, 1999, p. 109). É utilizada quando o paciente é incapaz de se apresentar em palavras e atos. Nessa técnica, "o protagonista é um espectador, um observador, ele olha para o espelho psicológico e vê a si mesmo" (Moreno, 1983, p. 67).

A técnica da inversão de papéis consiste em colocar-se no lugar do outro. Para Moreno, é considerada uma técnica de socialização e de integração do eu, em que "deformações do psiquismo do outro são assim trazidas à luz e podem, durante a atuação, ser pesquisadas e melhoradas" (1999, p. 123). O autor discute sobre a utilização dessa técnica com crianças e tece uma série de hipóteses a esse respeito, as quais foram mencionadas anteriormente.

Uma das formas de o psicoterapeuta trabalhar é seguindo o *princípio do duplo*, termo empregado por Fonseca (1996) e por Petrilli (2000), o qual significa estar em sintonia com o paciente, podendo expressar ou realizar aquilo de que ele necessita e não consegue por si só. Fonseca apresenta também o *princípio da entrega*, que está vinculado ao desempenho de papéis pelo psicoterapeuta. No contexto dramático com crianças, a disponibilidade do psicoterapeuta, como ego-auxiliar, em contracenar com os papéis psicodramáticos delas favorece o andamento do enredo dramático. Dessa forma, não importa que papel psicodramático o terapeuta está desempenhando, mas sim se está em sintonia com o desempenhado pela criança.

Na dramatização com crianças, algumas técnicas do psicodrama podem ser utilizadas. No caso das pré-escolares, devido à sua fase de desenvolvimento, o princípio do duplo sobrepõe-se a outras técnicas. Vimos que na fase do duplo, primeira etapa da matriz de identidade, ela vive um momento de indiferenciação e necessita de seu ego-auxiliar para o processo de reconhecimento de si mesma e do outro. A criança em idade pré-escolar não está nessa fase, avançou outras etapas (todas as mencionadas na matriz de identidade) e, segundo Moreno, já é capaz de inverter papéis durante o processo psicoterápico. Nesse aspecto, concordo com os psicoterapeutas psicodramatistas infantis contemporâneos (Gonçalves, 1988; Petrilli, 2000; Wechsler, 1999), que afirmam que a criança só conseguirá inverter papéis a partir dos 7 ou 8 anos, de acordo com seu desenvolvimento biopsicossocial (as autoras citam Piaget e Vygotsky).

Isso significa que, apesar de já ter avançado por etapas importantes, a criança pré-escolar ainda está desenvolvendo habilidades mentais que exigem recursos mais sofisticados, como a inversão de papéis. Tassinari (1990) associa o desempenho de papéis a suas etapas de desenvolvimento: *role-*

-playing, *role-taking* e *role-creating*, pesquisados por Moreno (1975). A autora afirma que, em sua experiência, pôde correlacionar a idade da criança com sua capacidade de desempenhar papéis, ou seja, tomar, jogar e criar. A inversão de papéis pressupõe o seu grau máximo de desenvolvimento, o *role-creating*. A conclusão, tanto para os autores anteriormente citados quanto para Tassinari, é a mesma: a criança só inverte papéis quando maior, em idade escolar.

A menina de 5 anos que queria brincar de mamãe e filhinha inicia a ação dramática com uma cena familiar: pai e mãe dormem, enquanto ela está em seu quarto. Por não conseguir pegar no sono, ela começa a fazer barulho. Os pais inicialmente perguntam o que está acontecendo e acolhem a criança, mas, como ela reluta em dizer o que há, leva uma bronca do pai e recebe um castigo. Na cena, quer ficar com a mãe e busca cumplicidade com ela, na tentativa de ludibriar o pai.

F: Bom dia, mãe. Fica aqui comigo vendo TV?
M: Não posso, o seu pai disse que você estava de castigo e não podia ver TV.
F: Ah, mas ele não vai ver que a gente está vendo, a gente fecha a porta.

Não alcançando seu objetivo, retoma a cena noturna:

Ela se levanta e vai para o quarto dos pais.
F: Eu não quero ficar no meu quarto porque tem um fantasma me assustando.
M: O quê? Poxa, filha, que ruim. Então temos que dar um jeito nisso. Nós vamos lá acabar com ele!

Ela fica entusiasmada. Decidem como vão enfrentar o fantasma: pegam uma lanterna (imaginária), um pau e caminham para o quarto.

Logo o fantasma aparece (ela aponta dizendo que está "ali") e é atacado por ela e pelos pais. A menina o pega (um grande pufe da sala) e diz que tem que jogá-lo no lixo. Joga-o, chuta e xinga.

O terapeuta faz os contrapapéis e a cena prossegue:

M: Pronto, filha, agora você pode ficar tranquila no seu quarto.
F: Ei, tem mais! Tem um nenezinho aqui.
M: Mas esse é o seu irmãozinho (a mãe o pega).
F: Tem mais nenezinhos! Esses são fantasmas!
M: E o que vamos fazer?
F: Vamos jogar tudo no lixo.
Muito entusiasmada, a menina vai jogando todos os outros nenezinhos (representados por almofadas) no lixo, dando chutes, pauladas e xingando.
Depois disse:
F: Mãe, você pode brincar comigo?
M: Sim, filha, eu vou deixar seu irmãozinho com seu pai, então.
F: Vamos brincar de casinha?
M: Vamos, sim!
A história termina com mãe e filha brincando de casinha no quarto, agora sem os nenezinhos fantasmas.

O desenrolar da cena encaminha para um acolhimento da criança e dos "fantasmas" que a assombram. Na relação com os pais, suas fantasias fluem e ela perturba o encontro do pai e da mãe. Além disso, manifesta sua necessidade de cuidado e atenção: os fantasmas bebês vêm para perturbar seu sono, tal como o irmão atrapalha seu encontro com a mãe no contexto social. Ela pede contato com a mãe e o recebe. Sua atitude de perturbar os pais e seus sentimentos em relação aos bebês fantasmas são autorizados, compartilhados e não interpretados. Ela pode expressar no "como se" seus sentimentos de raiva, medo, solidão, tristeza e ciúmes; pode também viver uma realidade suplementar, realizando um encontro com a mãe. As ações verbais do psicoterapeuta ocorrem por meio do seu papel de ego-auxiliar que assume papéis psicodramáticos. Toda a ação é em cena e na etapa do compartilhar ficará mais evidente a ação terapêutica.

Esta história, com pequenas modificações, se repetiu por mais duas vezes e marcamos uma sessão vincular da criança com sua mãe. Brincar de casinha possibilitou à menina viver concretamente com a mãe o que vivia no "como se" com o psicoterapeuta. A sessão vincular de psicodrama, nesse caso, retirou o psicoterapeuta do papel de ego-auxiliar da criança, permanecendo apenas como diretor. A mãe assumiu o papel de ego-auxiliar e elas jogaram papéis psicodramáticos, o que possibilitou a liberação de espontaneidade na relação – e isso é favorável à criança.

Com outra criança, de 6 anos, a história também é uma situação familiar e o princípio do duplo permeou a dramatização. Trata-se de uma criança muito agitada, que assume vários personagens ao mesmo tempo, mas se mantém estável com as "irmãs gêmeas". Como muitas crianças, ela escolhe para atuar um personagem com o qual se identifica, e os outros, de forma geral, são desempenhados pelo diretor. Esse personagem escolhido é quem traz o conflito, ou o tema protagônico, que será vivido nas relações do contexto dramático.

Todos estão em casa.

Mãe (criança): Está quase na hora de o bebê nascer.

Pai (terapeuta): Ah, eu estou desgostoso porque vai nascer outra menina e eu queria um menino agora.

Mãe (c): Ah, deixa pra lá, vai ser mais uma menina, mas tudo bem. Em seguida, já aparece o bebê, mas ele sai de cena rapidamente e as irmãs gêmeas começam a aprontar: sobem em cima da casa, derrubam coisas, brigam entre si e hostilizam a família.

Toda a ação segue desta forma: as gêmeas sempre muito agitadas, inadequadas e se depreciando. No meio da história, a criança sai do papel psicodramático e diz à psicoterapeuta:

C: Minha mãe disse que minha irmã é perfeita.

T: E o que você achou disso?

Ela não responde e está agitada demais.

Aqui, a criança passou do contexto dramático para o grupal rapidamente. Ela precisava dizer o que sabia a respeito da sua história; mesmo não respondendo verbalmente à pergunta do diretor, demonstrou sua resposta dramaticamente: as gêmeas continuaram destruindo tudo e os pais dando broncas e punindo. Depois de um tempo, ela saiu novamente do papel psicodramático e voltou ao contexto grupal para dizer ao psicoterapeuta: "Eu odeio a minha irmã". Ao retornar à história, as gêmeas morreram.

A ansiedade e a dificuldade de atenção da criança dificultaram o desempenho dos papéis e sua desorganização interna se manifestou na história pela aparição de vários papéis ao mesmo tempo, um atropelando o percurso do outro. Essa confusão era a sua história, que precisava ser vivida.

As gêmeas representavam suas dificuldades, confusão, rejeição, desafeto e inadequação (sua mãe diz que ela dá trabalho por duas!), elementos que se manifestaram tal qual na vida real, como comportamentos inadequados ao convívio familiar. Os papéis psicodramáticos propiciaram a manifestação de comportamentos e sentimentos proibidos no contexto social. Tomada por esses afetos, a garota saiu do papel psicodramático e contou ao psicoterapeuta algo que percebeu no ambiente familiar. Seu lugar sociométrico na família não tem sido favorável em nenhum aspecto: sente-se rejeitada e inadequada, sentimentos difíceis de administrar. Os papéis sociais de filha e irmã têm sido desempenhados com pouca espontaneidade, situação reproduzida nessa sessão. Foi um passo dado na compreensão do seu átomo social e de seu comportamento. As gêmeas continuaram aparecendo nas histórias seguintes.

O fluxo comum da psicoterapia infantil é: a criança distribui os papéis, traz o enredo e a trama se desenvolve. Uma ação, porém, que não encontrei descrita nos artigos sobre psicodrama infantil: o *princípio do duplo-espelho*.

Quando a criança escolhe para o psicoterapeuta um papel simétrico ao dela, além de favorecer o princípio do duplo, estabelece-se também o do espelho, já que o psicoterapeuta pode ficar em sintonia com a criança, o que traz à tona elementos importantes de suas relações, e espelhar alguns de seus comportamentos. Chamarei essas características do desempenho de papéis simétricos no contexto dramático de princípio do duplo-espelho. As funções desse princípio são as mesmas do duplo e do espelho: trazer para a relação conteúdos que a criança não consegue reconhecer ou expressar sozinha (função do duplo) e fazê-la visualizar, com certa distância, suas atitudes, expressões e comportamentos, ampliando a capacidade de percepção.

Relato a seguir sessões em que esta técnica foi utilizada.

História de duas famílias: a família da criança (7 anos), composta por pai, mãe, um bebê e uma menina, mora na casa maior. A família do meu personagem tem o pai, a mãe e um menino. A menina define os personagens: ela é a menina e eu, o menino. Nossas famílias são parentes: somos primos.

As famílias vão se visitar e os primos brigam por um brinquedo, que é do menino. A menina é agressiva com o primo e a mãe lhe dá uma bronca.

A criança orienta a psicoterapeuta: a mãe tem de ser muito, mas muito brava.

A mãe é brava e a menina se revolta e vai morar no alto da montanha, dizendo que quer morrer, que na verdade já está morta. Nesse momento, abandona a casa dos parentes e vai para o alto das montanhas (fica sozinha no topo de uma grande almofada).

Os familiares conversam entre si para entender o que aconteceu à menina. Levantam algumas hipóteses: já que ela gostou do brinquedo do primo, discutem se deveriam dar um igual a ela; ao mesmo tempo, questionam se ela merece, por ter sido tão mal--educada com todos.

Enquanto isso, a filha continua deitada no topo da montanha, quietinha, só ouvindo a conversa de longe. A mãe diz o quanto é difícil ter de lidar com seu jeito: "Ela sempre quer o que é do outro e, quando eu fico brava, ela some, mais furiosa ainda!"

Os pais refletem por meio de solilóquios, uma das técnicas verbais utilizadas para expressão de conteúdos ocultos do mundo interpessoal. É semelhante ao que no senso comum chamamos de "pensar alto". Moreno (1975) a desenvolveu com o intuito de fazer o paciente revelar sentimentos e pensamentos que teve em uma situação real, com determinada pessoa, ou que surgiram naquele momento da ação dramática.

Os personagens fazem solilóquio ou conversam entre si, alegando que não querem deixá-la morrer, que já tinha ficado tempo suficiente na montanha e agora talvez devesse voltar para casa. Sem encontrar alternativa, resolvem comprar um brinquedo igual ao do primo e presenteá-la no Natal, que está próximo.

O primo diz que quer ir até a montanha levar o presente para ela. Ele está triste com a sua ausência e não gosta de saber que ela está lá sozinha; não gostaria de estar nessa situação, se sentiria muito sozinho, com medo e tristeza. Ele vai até o alto da montanha para levar-lhe o presente e ela o recebe sem muito entusiasmo. O menino procura conversar com ela, entendê-la, agradar a ela, aproximar-se, mas ela o trata com frieza, o ignora. O primo deixa o presente e volta para casa, dizendo que ela não quer conversa com ele. Queria seu brinquedo, mas parece que ter um não a deixou satisfeita, ela era uma chata! Ele achava, inclusive, que ela nem estava sofrendo lá na montanha, parecia a mesma de sempre.

Esse solilóquio do primo é ouvido silenciosamente pela criança, que orienta o desfecho da história:

Chega o Natal e a mãe lhe dá o presente. Ela fica muito feliz e a história termina.

A cena dramática representa aspectos conflituosos e contraditórios vividos pela criança, tanto nas relações familiares quanto consigo mesma. Ela representa o papel da filha que enfrenta e envergonha os pais, que deseja o que o primo tem. Esse tema de desejar o que não tem se repetiu em outras histórias dessa criança, nas quais ela sempre buscava em vão a cumplicidade materna. O psicoterapeuta poderia ter utilizado outras técnicas, mas optou por seguir o movimento da criança no desfecho, considerando sua posição sociométrica na família e relações mais transferenciais com algumas pessoas da sua rede social. No "como se", ela pôde jogar o papel da menina que vive numa ambiguidade de ser malvada e desconsiderada, querida e preterida, mas precisa de um final positivo, vitorioso. Ela o obteve e depois ouviu o solilóquio do primo (papel psicodramático do terapeuta), que lhe mostrava sua ambiguidade.

Outro exemplo do uso da técnica do duplo-espelho, agora com uma criança maior, de 10 anos.

No início da sessão, Clara diz que quer inventar um jogo. Construímos um de tabuleiro que ocupa a sala toda. Ela cria um jogo de dados em que está presente apenas o fator sorte e diverte-se com essa proposta. Seu objetivo parece ser compartilhar, mostrar seu potencial criativo e experimentar situações diversas.

As almofadas representam as "casas" e são organizadas por cores diferentes. Cada cor tem um significado: vermelha, jogar novamente; bege, voltar uma casa; cor-de-rosa, saltar duas casas; preta, voltar ao início do jogo; laranja, ficar parado uma jogada etc. Sobre algumas almofadas, há uma orientação: você ganhou um *kit* beleza, você ganhou uma viagem, você ganhou um monte de tarefas para fazer. O jogo consiste em jogar o dado de cores e seguir até o final do tabuleiro; quem chegar primeiro é o vencedor.

Parte da sessão é destinada à elaboração e construção do jogo, movimentos que aquecem para a ação de jogar. Depois de tudo pronto, partimos para a ação dramática. Ela define que será uma garota de 15 anos e eu de 16. Seu desejo é explorar aspectos femininos e, para tanto, ela escolhe desempenhar papéis de garotas mais velhas – um jogo simbólico. Entramos nos papéis psicodramáticos e as duas garotas começam o jogo. A exploração é vivida conforme cada dado é jogado e os desafios lançados: ir para a frente, para trás, aguardar, ganhar, perder, como os movimentos da vida.

Clara entra no papel e se empolga com as jogadas. Fala com voz um pouco diferente, "mais moça", disputa com a adversária com uma espécie de classe e sempre que vence fica muito entusiasmada. O jogo entre as duas garotas continua até o final da sessão. No papel psicodramático, o terapeuta também representa uma garota mais velha que se exibe à outra, que aprecia seu corpo, suas habilidades e personalidade. Esse papel desempenhado pelo diretor, semelhante ao da criança, possibilita que ele utilize a técnica de duplo-espelho – como duplo, alguns aspectos, até então não identificados, emergem; como espelho, permite à criança visualizar o que ela expõe por meio dessa relação.

Quando o terapeuta assume um papel psicodramático semelhante ao da criança (nesse caso, ser um ano mais velha não fazia tanta diferença), ele pode aplicar a técnica de duplo-espelho sem que haja necessidade de demarcar sua utilização. É estar junto com a criança, acompanhando cada um de seus movimentos, habilidades, dificuldades, inseguranças, confianças etc. – semelhante a quando ela dita o *script* do papel, porém ocorrendo durante a cena dramática, no próprio desempenho dos papéis. Por estar em sintonia, o psicoterapeuta traz novos conteúdos que são mais difíceis de ser identificados, atuando como duplo; quando reconhece o que a criança faz e reproduz em seu papel psicodramático, possibilita que ela se espelhe.

Para essa menina, experimentar o "salto" de casa em casa é uma forma de vivenciar simbolicamente o que faz no cotidiano: divide-se entre a casa da avó, do pai e, agora, do namorado da mãe. Com uma rotina cheia de surpresas, Clara tem de estar pronta para ir e vir sempre que se faz necessário – e não é ela quem escolhe para onde vai. Esse é um papel que desempenha há anos e, nesse momento em que se acrescentou uma nova casa ao seu contexto social, precisa estar mais desenvolvido. Quais as novas demandas? Como é estar numa casa onde há namoro? Como exercitar sua sexualidade? Todas essas questões estavam presentes e ela lidava com cada uma da melhor maneira que conseguia, porém a ansiedade se impunha sempre. Além disso, a mãe assumiu um novo papel social (de namorada) e ela precisava aprender a relacionar-se com essa nova mãe apaixonada, que divide sua atenção com o parceiro. A sociometria familiar mudou e seu papel social de filha tinha outras demandas. Deixar de ser menina para ser mulher (ou filha pequena para filha crescida) era algo a aprender – e jogar esse papel foi uma forma que encontrou naquele momento.

Na próxima descrição, ressalto o uso da técnica da *interpolação de resistência*. Segundo Gonçalves (1988), Moreno utilizou esse mesmo nome para vários procedimentos técnicos que têm em comum o fato de contrariarem disposições conscientes e rígidas do protagonista. Possibilita ao paciente acesso a novos pontos de vista, maior flexibilidade em suas posições relacionais e a busca por caminhos mais produtivos para sua telessensibilidade. Em uma de suas aplicações, Moreno (1978, p. 215) afirma que: "A *terapia da resistência* ou através da técnica de 'interpolação de resistência', que descrevi aqui, não se aplica apenas às resistências *internas* do paciente. Ela se situa no campo dos acontecimentos concretos. Trata-se das resistências *entre* o indivíduo e seu ou seus parceiros: as *resistências interpessoais* [...]".

Calvente (1993) faz uma revisão histórica do uso da interpolação de resistência na obra de Moreno. Ele conclui que a técnica esteve presente no trabalho do autor durante o período inicial do psicodrama terapêutico. Quando Moreno verificou que o aquecimento era imprescindível para o desempenho do papel psicodramático, deixou de mencionar o uso primeiro da técnica: resistências ligadas ao papel ou à cena. Além disso, Calvente também reflete que o nome *resistência* não é muito apropriado, já que o objetivo da técnica é encontrar novos caminhos para que a criatividade se manifeste.

Calvente (1993, p. 130) aborda a dificuldade em pensar como interpolar (colocar entre dois polos, ou seja, entre papel e contrapapel) "uma resistência para favorecer a expressão da espontaneidade e da criatividade". Assim, sugere que o nome mais apropriado para a técnica seja interpolação de aquecimento, porque este é o foco: criar outras condições para revelar o bloqueio do protagonista. O termo "interpolação de aquecimento" não foi adotado pelos psicodramatistas, que continuam chamando a técnica pelo nome corrente.

Essas reflexões do autor são pertinentes ao uso da técnica na sessão com a criança apresentada a seguir, pois o objetivo era fazer uma "interpolação de aquecimento" para trazê-la para o papel psicodramático. Sua atitude arredia com a psicoterapeuta era semelhante à que tinha com os familiares, o que demonstrava que não havia fator tele na relação.

Giovanna, 9 anos, entra na sala de psicoterapia com um gibi da Turma da Mônica, senta-se numa poltrona e fica lendo sem nem mesmo olhar para a psicoterapeuta. Espero e digo um tempo depois que parece que a brincadeira de hoje é ela me ignorar. Ela sorri, mas não tira os olhos do gibi. Pergunto se não há outra atividade em que eu possa ser incluída e ela responde que sim, que eu poderia pegar outro gibi e lê-lo. Havia ironia em sua voz e sua postura era de despeito. Aguardo um pouco mais e sugiro que, em vez de me manter no papel de terapeuta, assuma o papel de sua irmã mais velha.

A sugestão ocorreu porque entendi que eram recorrentes o distanciamento e a resistência da criança em entrar em contato com sua história e com as pessoas do seu átomo social. Ela tem bom relacionamento com a irmã mais velha e considerei que essa era uma pessoa adequada a ser trazida naquele momento.

Aqueço-me para o papel psicodramático de sua irmã e busco contato. Rapidamente ela muda de postura, ficando ainda mais distante. A irmã pede atenção e, não encontrando, provoca-a, ameaçando roubar-lhe o gibi.

Por meio do papel psicodramático o terapeuta usa a técnica de interpolação de resistência.

Depois que desempenhei o papel de sua irmã mais velha, ela respondeu rispidamente que fiz uma imitação barata. Saio do papel e digo que agora serei sua irmãzinha menor, porém um pouquinho maior porque já conseguiria me comunicar com ela.

A psicoterapeuta estava em processo de aquecimento.

Assumo o papel da irmã menor e convido-a para brincar comigo. Ela recusa e pede para não interromper sua leitura. A irmãzinha diz que vai pegar alguns brinquedos e a chama para brincar; mexe em seu gibi e solicita sua atenção. Giovanna levanta-se da poltrona, grita com a irmãzinha e diz que não é para ela encher o seu saco!

Nesse momento ela já passou para o contexto dramático e está no papel psicodramático de irmã.

A irmãzinha a ignora e continua pedindo sua atenção; então, Giovanna toma seu brinquedo, faz uma barreira de almofadas no meio da sala, uma espécie de cerco pequeno, e a coloca lá dentro. Está muito brava e diz: "Não saia daí senão você vai apanhar!" A menininha ameaça sair e ela rapidamente bate nela com um taco (bate forte e, nesse momento, é preciso interromper a cena e relembrá-la de que se trata de faz de conta). Ela continua batendo (agora com cuidado, no "como se"). A irmã chora, faz cara de tristeza, de desgosto... Ela diz: "Pode ficar emburrada que eu não ligo!" A criança menor tenta pegar um brinquedo no armário que está próximo ao cerco e ela corre para impedir, cercando-a com mais almofadas. O espaço é tão pequeno que a irmãzinha mal consegue se mexer. Giovanna levanta o taco e diz que se fizer qualquer movimento ou som vai apanhar. Em seguida, afirma: "Eu não faria isso na vida real!"

A criança voltou ao contexto social, afirmando para o terapeuta que estava no "como se" e sabia que aquela atitude era proibida. Ao mesmo tempo, estava envolvida na história e no papel psicodramático, demonstrando claramente que queria continuar jogando-o. Ela estava aquecida, mas precisava da autorização da terapeuta para se manifestar daquela forma.

Interrompo a cena (fazendo sinal de "tempo!") e digo que agora chegará a mãe em casa. Ela fica entusiasmada. Assumo o papel da mãe e entro em cena. Ao questionar o que aconteceu, a mãe é recebida com agressividade: Giovanna começa a bater nela, ameaçá-la, fingindo esfaquear seu braço a cada manifestação. Enquanto bate e esfaqueia, impede a mãe de falar, colocando-a sentada no sofá sob ameaças. Repete: "Eu não faria isso na vida real!"

Interrompo a cena novamente: deixo uma almofada representando a mãe, tal como tinha feito com a irmãzinha, e assumo o papel do pai. Depois de ter de arrombar a porta porque ninguém lhe atendia, o pai apresenta uma postura mais indignada e firme perante a situação. Porém, a garota interrompe a cena e diz que não é assim a história. Peço então para trocarmos de papel e para ela me mostrar como o pai faria.

Ela não aceitou e entendi que, por enquanto, a história precisava ser mantida daquela forma: ela punia a todos e não conseguia estar no lugar do outro.

O mesmo ocorre com o pai, representado agora de maneira mais passiva: a menina o agride tanto física quanto verbalmente. Ele fica ao lado da mãe no sofá. Agora ela já está esperando a chegada da irmã mais velha (e não é preciso interromper a cena para marcar sua chegada). A irmã chega, reage à situação e, antes que tudo se repita, foge. Vai até o hospital onde estagia para tratar dos seus ferimentos. Nesse momento, Giovanna vai buscá-la no hospital com uma arma de fogo (que é o próprio taco), leva-a para casa, lhe dá muitos tiros (dizendo que nenhum matava) e pergunta à irmã a quem ela tinha contado a história. A irmã diz que todos no hospital sabiam. Giovanna, depois de trancar a porta de casa, retorna ao hospital e metralha a todos, dizendo que todo mundo morreu. Volta para casa e retoma as ameaças aos familiares. Estamos no final do tempo e digo que precisamos finalizar a história.

O término da dramatização não é necessariamente a conclusão da história, mas o encerramento do contexto dramático, e a interrupção, por vezes, ocorre pelo fim do tempo da sessão. Faltando alguns minutos para o final, o diretor avisa que é preciso terminar a história daquele dia. Essa mesma história pode ser retomada em outras sessões, funcionando como uma espécie de novela em capítulos.

Giovanna diz que é assim mesmo que termina: todos presos sob sua ameaça, machucados, sem poder fazer nenhum movimento nem emitir nenhum som. Mãe, pai e irmã mais velha estão sentados no sofá e, na outra extremidade da sala, num cerco muito pequeno, está a irmãzinha. Encerramos a dramatização e ela pede para guardar o gibi na sala, porque a história vai continuar na próxima sessão.

A técnica da interpolação de resistência possibilitou que a criança saísse da condição que se impunha, inclusive na sessão psicoterápica, de não entrar em contato com seus impulsos mais agressivos e sua raiva e de contê-los sempre. A primeira história do gibi era da personagem Mônica, que tem como característica ser brava – e considero essa leitura um aquecimento inespecífico para a dramatização. Quando o terapeuta assume o primeiro papel psicodramático, o da irmã mais velha, ele e a criança estão se aquecendo especificamente para a ação dramática. É importante ressaltar que não foi necessário demarcar o cenário: o contexto dramático se instalou à medida que o psicoterapeuta assumia os papéis psicodramáticos. Isso é possível porque Giovanna tem 10 anos e, se nos remetermos às etapas da matriz de identidade, já adquiriu capacidade cognitiva e emocional para compreender e lidar com situações abstratas, discernindo-as da realidade.

PSICOTERAPIA PSICODRAMÁTICA COM
CRIANÇAS – UMA PROPOSTA SOCIONÔMICA

À medida que a cena se desenvolvia, a criança foi se aquecendo cada vez mais e o contexto dramático se impôs. Toda a sala era o cenário e representava claramente sua casa, com referências a seu quarto e à sala. A demarcação do local em que a irmãzinha devia ficar não levava em conta que lugar era, mas lhe causar sofrimento, deixando-a distante de quaisquer brinquedos e pessoas. A mãe foi punida quase da mesma forma e agredida com a faca nas mãos e nos braços: não houve piedade para com ela. O pai foi o que teve mais dificuldade para chegar ao cenário, precisando telefonar, interfonar e depois arrombar a porta (movimentos sugeridos por Giovanna), simbolizando possivelmente o fato de não morar mais lá e as negociações difíceis que tem com a ex-esposa relacionadas às visitas. Ele foi muito agredido com o taco e também esfaqueado nos braços, mãos, barriga e boca. A irmã mais velha (com quem tem uma relação melhor, apesar da diferença de idade) também foi punida, mas com menor intensidade. A arma usada era de fogo, que não mata, como de festim. Houve certo tom lúdico em sua briga com ela. A irmã se mantém distante em função da faculdade; eliminar todos do hospital talvez possa significar sua ira diante disso.

A vida familiar nos últimos anos foi de intensa mudança para Giovanna. Um terceiro casamento da mãe ocorreu logo após a separação dos seus pais, e a gravidez da irmãzinha veio em seguida. A mãe não alegou ciúmes da parte dela; ao contrário, era sempre carinhosa e companheira. Porém, o tempo destinado a ela quase não existia mais e a mãe parecia não se preocupar nem perceber o que acontecia a essa filha. Giovanna reagia a essa situação de forma contida, com apatia. Entrar em contato com suas emoções – raiva, tristeza, medo e ciúmes – e expressá-las no contexto dramático foi importante para o processo de elaboração desses conteúdos presentes no seu cotidiano familiar (Souza, 1999, 2000; Filipini, 2003, 2005a). São muitas mudanças e algumas, como as novas relações amorosas dos pais, são compreendidas e até mesmo aceitas – o que não significa que sejam fáceis de lidar (Souza, 2006). Quanto às relações fraternas, cada uma traz sua vicissitude: a irmã mais velha se afasta para cuidar da vida; a mais nova vem ocupar um lugar que há pouco lhe pertencia. Em meio a todas essas mudanças, sentimentos de ciúmes, raiva, tristeza se apresentaram e precisaram de um lugar de expressão (Goldsmid e Féres-Carneiro, 2007, 2011).

As sessões anteriores continham uma cena em que ela se enterrava nas almofadas, que representavam uma espécie de pântano. Alguém passava e, ao ver aquela criança caída lá dentro, tentava salvá-la a todo custo – puxava pelas mãos, jogava uma corda; tudo em vão. Após muitas tentativas, esse salvador conseguia, mas do pântano saía um monstro. A história acabava aí. Inquirida sobre o monstro, Giovanna dizia que a sujeira do pântano a tinha transformado naquilo. Na sessão aqui relatada, o monstro se manifestou e depois foi preciso cuidar dele para trazer a criança de volta.

Divórcio e novos casamentos são comuns na família contemporânea, e as crianças têm condições de transitar por essas transformações de forma saudável – o que não significa que deixarão de reagir (Sousa, 1999, 2006; Filipini, 2003, 2005c, 2009). Giovanna percebia que seu átomo social mudara, a família agora era composta por novas pessoas, e ela ainda estava se adaptando. Como sempre foi uma menina bem comportada e cordata, era-lhe difícil expressar sentimentos contrários. Como filha, relacionava-se com um pai agora mais distante, precisava viajar para vê-lo e dividi-lo com a nova parceira. A mãe estava apaixonada e vivia uma nova relação amorosa com o marido atual e um bebê. Tudo isso gerava sentimentos variados, mas considerados não positivos por ela – a raiva, principalmente, que a transformava no monstro gerado pela sujeira do pântano.

Como irmã, seu lugar na família também mudou: ela deixou de ser a caçulinha e teve de desenvolver o papel de irmã do meio. A menor roubava-lhe o lugar e a atenção materna; a mais velha se afastava para cuidar de si mesma. Diante dessa reconfiguração sociométrica, ela precisava desenvolver novos aspectos do seu papel de irmã, processo que começou com a identificação de sentimentos como a raiva e sua expressão no contexto dramático. Romper com normas, limites e padrões de conduta social de maneira protegida, no "como se", possibilitou à criança experimentar outra forma de relação com seus contrapapéis, mais espontânea. A demanda atual dos papéis sociais é grande, e jogá-los com mais espontaneidade é fundamental nesse momento de transição familiar.

Gonçalves (1988) aponta para o cuidado que o terapeuta deve ter em não complementar ou reforçar papéis sádicos ou masoquistas da criança. Considerar que determinados comportamentos são assim constituídos é uma interpretação ou compreensão do terapeuta. Um dos aspectos favoráveis do papel psicodramático é que, estando nele, não existe certo ou errado; não há uma regra preestabelecida. E é exatamente por também poder romper com as normas sociais que ele possibilita à criança adentrar de fato no contexto dramático. Se ela é sádica naquele momento, é porque existem demandas reais para que isso seja vivido no "como se". E é por meio do contrapapel que ela também entra em contato com esses seus comportamentos. Por isso, a etapa do compartilhar, que será discutida a seguir, é importante. Na relação entre os papéis, seus aspectos mais sádicos, masoquistas, bondosos, medrosos etc. serão vividos – aspectos do seu Eu que se fazem presentes em determinadas relações, mas não lhe definem.

Compreendo que o desempenho de papéis psicodramáticos é o melhor caminho para auxiliar a criança a entrar em contato com seus conflitos, identificá-los e buscar recursos para resolvê-los. Como já mencionei antes, nem sempre uma criança é capaz de jogar papéis, seja por falta de aquecimento, por dificuldades de ordem orgânica, cognitiva ou emocional. Entretanto, a ação dramática ocorre quando há um projeto dramático comum, que mantenha criança e terapeuta aquecidos ao longo da sessão para desempenhar os papéis psicodramáticos.

No "como se", nem sempre o diretor tem clareza, compreensão racional do que está acontecendo na história representada naquele momento. Porém, a riqueza não está em seu saber intelectual, mas na sua disponibilidade em jogar os contrapapéis e viver a dramatização com a criança. Isso não é apenas brincar, mas construir com ela um momento em que o coconsciente e o coinconsciente de cada um estejam presentes. Relações se estabelecem e emoções são liberadas para ser ou não integradas – é a possibilidade do *encontro* moreniano. A coconstrução do drama direciona-se para o interpsíquico, ou inter-relacional, mas não fecha as portas ao intrapsíquico, já que são faces da mesma moeda (Almeida, 1994).

A sabedoria está mais em sustentar a relação paciente-terapeuta do que estabelecer interpretações; acolher o relacional, como assinalou Almeida (1994). A ação cênica, seja ela de histórias reais ou fictícias, concretas ou metafóricas, resulta numa atitude criadora para a vida. Dramatizar é trabalhar a imaginação como possibilidade de mudança do mundo, a partir do sujeito.

Ainda com o intuito de ilustrar e discutir as possibilidades da prática psicoterápica com crianças, o seguinte relato é exemplo do uso da técnica do duplo-espelho em uma sessão na qual a paciente escolheu fazer um desenho como primeira atividade que, por sua qualidade expressiva, pode ser um bom iniciador mental para aquecê-la a entrar no papel psicodramático.

Ingrid, 8 anos, faz um desenho (aquecimento inespecífico), conta uma história sobre ele (aquecimento específico) e depois jogamos papéis psicodramáticos com base na história (dramatização):

Essa é uma árvore chamada esquisita. O tronco dela é achatadinho e todo mundo fala que ela é esquisita. Ela fica triste e não faz nada com isso. Ela vê todas as árvores bonitas e se acha feia.

A árvore está no centro, é a maior figura e a criança descreve algumas de suas características. Dessa forma, ela é reconhecida pelo terapeuta como personagem central no desenho. Buscando explorá-la no percurso da história, o terapeuta diz que vai fazer de conta que é a árvore, assumindo esse papel psicodramático, e começa a conversar com uma menina, induzindo a garota a representar esse personagem.

Árvore: Eu sou muito feia e esquisita; estou aqui no meio do jardim sozinha e triste... Diga o que está feio em mim.

A pergunta possibilita que a criança observe com distanciamento suas outras características, como num espelho.

Menina: Você não é muito feia...
A: Ah, sou sim, todos falam que sou esquisita... O que é mais esquisito em mim?

M: Bom, eu gosto das suas folhinhas...
A: Mas e o meu tronco? Ele é muito esquisito, eu não gosto dele.
M: Ah, ele não é tão feio assim... Eu não gosto do meu cabelo.

Aqui a criança passou a mão no cabelo e trouxe aspectos do papel social para o dramático. Dialoga com a árvore no papel psicodramático, porém com conteúdos do papel social.

A: Por quê? Ele é tão bonito!
M: Ele é armado, não vou tirar a tiara nunca!
A: Armado? Não parece. O meu até que é achatadinho, por isso que você gosta dele, não é?
M: É... O da minha irmã é bem lisinho.
A: Ah, achatadinho como o meu... Mas o seu não, ele é encaracolado!
M: Eu sei, mas ele é muito preto e armado. Minha mãe tem cabelo loiro.
A: Você gosta do cabelo dela?
M: Gosto muito. O da minha irmã é quase loiro, castanho-claro. Ele é mais parecido com o da minha mãe: bem lisinho e claro. Ela tem 4 anos e aprende todas as coisas comigo. É assim, né: quando eu nasci, não tinha ninguém pra me ensinar; então, eu fui aprender a escrever só com 5 anos, quando fui pra escola. Escrevia meu nome, da mamãe e do papai. Minha irmã tem 4 anos e já sabe escrever essas coisas, porque aprende comigo. Quando a gente é o irmão mais velho, o outro vai aprendendo com a gente, né?!
A: Acho que sim, parece que ter irmão pode ser bom, mas eu estou sozinha aqui.
M: Não está, não, tem a borboletinha, sua amiga. Sabe que eu fui pra uma escola nova e estava muito triste porque não tinha ninguém lá, estava sozinha. Aí apareceu a Bia e eu fiquei amiga dela; mas eu dizia que ainda estava triste, porque só tinha uma amiga.

Ela me falou que era assim mesmo com todo mundo: primeiro a gente arruma uma amiga, depois arruma outras.

A: Poxa, você também aprendeu uma coisa legal com a sua amiga!

M: É mesmo. Agora eu tenho outra amiga e nós andamos sempre juntas – somos as três maricotas.

A: Que bom! Você ficou menos triste agora, porque tem amigas. [...]

No diálogo com a personagem árvore, no contexto dramático, a criança pôde se expressar com espontaneidade. Primeiro, ela apresentou características da árvore que, pelos dados que o psicoterapeuta tinha, também compunham parte de características de seu Eu. Dessa forma, o diretor, ao assumir o papel de árvore, pôde realizar um duplo para a criança – era um diálogo dela consigo mesma, por meio de um personagem. A técnica utilizada foi a de duplo-espelho: duplo porque mantém um diálogo que traz novos conteúdos; e espelho porque o diretor conserva as características indicadas anteriormente e possibilita à criança perceber aspectos que, até então, estavam difíceis de reconhecer. Os novos conteúdos foram trazidos espontaneamente pela criança, na quantidade e qualidade escolhidas por ela. Não foi necessária a inversão de papéis pelo fato de o personagem árvore ter sido criado por ela e conter aspectos seus – por isso a técnica foi somente o duplo-espelho.

A criança pôde entrar em contato com aspectos elaborados nessa cena que estavam difíceis de ser reconhecidos. Ela se apresentou como esquisita, feia, solitária e em desvantagem na relação fraterna. Sentia-se desprivilegiada no átomo familiar – a irmã, mais parecida com a mãe, era mais graciosa e esperta (aprendia com ela várias coisas), o que devia agradar aos pais e ser garantia de atenção e amor.

Sua necessidade de confirmação, sua insegurança e ansiedade mostram que os papéis sociais de filha e irmã precisavam ser mais desenvolvidos. Quando entrou em contato com isso, por meio da personagem árvore, pôde reconhecer alguns dos aspectos que contribuem para sua insegurança e ansiedade: os ciúmes e a inveja da irmã, por achar que seus atributos a fazem ser mais amada. Ao mesmo tempo também reconheceu que possui essas mesmas regalias na relação com as amigas, que lhe ensinam coisas e a inserem no grupo privilegiado das "maricotas".

Podemos compreender que essa sessão a auxiliou, em especial, a entrar em contato com seu papel social de irmã. A personagem árvore favoreceu sua espontaneidade e a fez confirmar a si mesma que não era tão esquisita quanto imaginava. Embora tenha ciúmes da relação da mãe com a irmã, agora as amigas lhe fazem companhia e dão o conforto necessário para ficar bem na escola. Moreno (1972, p. 84) cita que "[...] O *status* psicológico dos indivíduos pode ser chamado de seus níveis de consciência sociométrica". Para essa criança, compreender o lugar que ocupa na família e nas outras relações sociais lhe traz segurança e tranquilidade.

Outras técnicas do psicodrama podem ser utilizadas com as crianças. Relato, a seguir, uma sessão de Pedro, 9 anos, em que a inversão de papéis foi usada.

Pedro inicia a sessão contando que fez provas escolares e tirou notas boas. Relata um episódio que sua mãe lhe contou: quando ela era criança, tirou um zero em matemática. Primeiro ela escondeu de sua mãe, mas quando esta soube a castigou por dois motivos: ter mentido e ter tirado o zero. A mãe apanhou de cordão de ferro de passar roupa e teve de ficar de short para mostrar as marcas a todos. Ele comenta que a avó foi severa, mas ao mesmo tempo de-

monstra que achou o castigo merecido. Ele pede para começarmos a história. Definimos o cenário e entramos no contexto dramático: *Afonsinho tem uma corrida decisiva – precisa ganhá-la ou terá de sair da equipe. Ele perde. Enquanto está na pista, peço um solilóquio.*

Ele pode revelar em voz alta o que pensa ou sente nesse papel. O monólogo favorece que aflorem sentimentos e ideias que não surgiram antes, aspectos que se encontravam mais passivos ou paralisados.

A: Droga, esse carro foi quebrar, agora tenho de sair da equipe.
Vai até Zequinha, dono da equipe (*eu faço o papel do Zequinha, por solicitação da criança*). *Ele vem todo tristonho e cabisbaixo:*
A: Bom, Zequinha, eu perdi, você viu o que aconteceu... Então me dê aqui a rescisão do contrato" (estende a mão).

Solicito uma inversão de papéis. Com 10 anos, a inversão pode e deve ser utilizada sempre que possível com a criança. Como visto nas sessões com crianças menores, é comum que elas determinem os papéis que o psicoterapeuta irá desempenhar e assumam o papel do protagonista – com Pedro não foi diferente. Porém, sempre que há na cena algo importante ou determinante na sua condução, solicitar a inversão de papel se faz necessário. E nessa história fica claro que o psicoterapeuta, como ego-auxiliar, não tinha elementos suficientes para desempenhar o papel psicodramático sem realizar a inversão em determinados momentos.

Pedro (no papel de Zequinha): Tudo bem, Afonsinho, aqui está a rescisão do contrato, mas eu vou te contar um segredo: o carro tem um problema crônico no motor, então não foi culpa sua. Mas como você não tem sentimento de culpa nós mentimos para você se sentir culpado.

Peço novamente a inversão de papéis.

A: Ah é? Pois tome, então! (saca de uma arma e atira no Zequinha). Afonsinho foge. A secretária de Zequinha vê a cena, chama um segurança e liga para a polícia, que pede para que a área seja isolada. Ele faz o papel da secretária e eu do segurança e do policial que atende ao telefone. O local do crime está cercado por faixas de isolamento e encerramos a cena.
Afonsinho está escondido no meio de caixas. Vou até lá e peço um solilóquio.

O terapeuta transita entre ser ego-auxiliar, assumindo papéis psicodramáticos, e diretor de cena.

A: Puxa, matei o meu amigo e agora não tenho uma equipe.
A polícia está atrás dele e em seguida o encontra.
Polícia: Você é o Afonsinho?
Ele dá documentos falsos que não convencem a polícia. Está preso e tem o direito de permanecer calado. Lorena, sua esposa, paga a fiança e lhe pede explicações. Ele esclarece tudo e diz que sua preocupação agora é arrumar outra equipe.
A criança vai criando a história durante seu percurso e, por vezes, narra as ações mais longas e elaboradas – não haveria tempo hábil para dramatizá-la por completo.

O psicoterapeuta, no papel de diretor, solicita um tempo na história e diz que ele terá de ser julgado pelo crime que cometeu.

Ao trazer um aspecto de realidade à história, o diretor possibilita que Pedro entre em contato com ela e verifique os limites, alcances, sensações e conflitos que possam emergir. O menino diz que ele foi absolvido por falta de provas. Retruco, e ele diz, contrariado: "Mas na minha história pode, é assim mesmo".

Apesar da insistência do psicoterapeuta em aproximá-lo de elementos supostamente mais compatíveis com a realidade, o menino não aceita. Cabe ao diretor respeitar essa decisão, pois se trata de uma história criada espontaneamente e a sua coerência no contexto dramático está baseada nas necessidades da criança.

Afonsinho sai em busca de outra equipe e vai para a de Paul Newman. É recebido calorosamente e participa de uma corrida importante, a qual ele ganha. Todos fazem muita festa para ele: Lorena, o pessoal da equipe, os seus fãs e principalmente seus pais, em São Paulo, Zé e Maria, que choram de felicidade (Pedro desempenha esses papéis).

Em diversos momentos, peço solilóquios a Afonsinho: ele chora de felicidade e de emoção pela vitória; diz que vai dar uma entrevista à TV Globo. Preparamos o cenário: será uma entrevista individual que depois irá ao ar. Eu sou o repórter:

R: Como está se sentindo com essa vitória?

A: Muito feliz, aliviado, porque eu só vinha perdendo e agora consegui essa vitória.

R: Pois é, nós sabemos que você passou por um período difícil há pouco tempo – foi suspeito da morte do Zequinha, o dono da sua equipe anterior...

A (com a voz embargada e chorando): Oh, eu tenho uma coisa pra confessar: fui eu que matei o Zequinha...

R: Afonsinho, essa é uma confissão muito séria! Você sabe no que isto pode implicar?

A: Sim, eu sei...
Pedro se levanta e diz que Afonsinho foi condenado a três anos de prisão, mas teve de cumprir apenas um. Encerra-se a história e a sessão. Ele comenta: "Essa história começou triste e terminou triste".

Nessa sessão, foi Pedro quem distribuiu os papéis e direcionou a história, invertendo papéis e utilizando solilóquios. Os sentimentos que surgiram, como culpa, raiva e tristeza, misturados a alegria, mentiras e punição, foram recorrentes no período de separação dos seus pais. Esses sentimentos são comuns e esperados na reação das crianças diante do divórcio parental (Souza, 1999; Filipini, 2003). O personagem Afonsinho representava o lado ambíguo de Pedro: ora sentia amor pelos pais, ora ódio – ambiguidade que lhe trazia os sentimentos de culpa. No entanto, Pedro tinha grande dificuldade em conter seus impulsos e desejos e em compreender e aceitar os limites alheios e os impostos pela realidade. Nessa época morava com a mãe, que obteve sua guarda, mas queria muito ir para a casa do pai. Diante dessa condição, criava diversas situações de conflito com sua mãe e cobrava atenção constante do pai. Acredito que a fala do personagem Zequinha: "[...] Mas como você não tem sentimento de culpa nós mentimos para você se sentir culpado" esteja associada ao contexto conflituoso que vivia no papel de filho de pais separados.

Durante os solilóquios e as inversões de papéis, Pedro não é capaz de entrar profundamente em contato com seus sentimentos. Isso se relaciona ao que Tassinari (1990) compreende como o processo de inversão associado ao desenvolvimento de papéis. Pedro joga, desempenha bem os papéis, mas pouco cria a partir deles. Apesar da sua idade, apresenta dificuldades de ordem socioafetiva e comportamentos estereotipados, o que atrapalha o processo criativo ao desempenhar papéis. Pedro já tem a capacidade de inversão, mas ainda está aprendendo como se faz, assim como descrito pela autora citada.

Porém, cabe um olhar para todo o conteúdo da história para ressaltar algumas questões que puderam ser vivenciadas:

> As transgressões podem levar a severas punições (como na história da mãe, que mentiu quando criança sobre a prova e levou uma surra de cordão); paralelamente, a raiva incontrolada pode gerar transgressão e punição (Afonsinho perde e, ao descobrir que foi ludibriado, mata o amigo e é preso). Nota-se a presença dos sentimentos de tristeza (pelas perdas), medo (das punições) e raiva (da mãe e de Zequinha porque mentiram, da avó porque foi severa). A raiva da mãe é um fato comum entre as crianças de pais separados, normalmente porque é ela que detém a guarda. Ao mesmo tempo, o menino percebe o sofrimento da mãe e a ambiguidade de sentimentos se instala.

> É preciso desenvolver bem um papel para se apropriar de seus atos e se responsabilizar por eles. Num primeiro momento, Afonsinho foge da polícia; depois, quando ganha a corrida e seus familiares o valorizaram e se emocionam, ele se sente reconhecido e autorizado nesse papel, podendo se responsabilizar por seu ato e acatar as consequências. Culpa e tristeza (sua confissão seguida de choro) também foram sentimentos experimentados na história do Afonsinho.

Por meio desse personagem (e das outras histórias representadas, com conteúdos semelhantes), Pedro pôde vivenciar sentimentos que são comuns em crianças que passam por um processo de separação parental: tristeza pela separação (perde-se uma condição considerada boa pela criança), raiva pela impotência em impedir a separação; raiva dos pais, ou de um deles; culpa, normalmente em crianças menores, por se considerarem os causadores da separação (talvez o defeito "crônico" do carro de Afonsinho representasse a limitação de Pedro em compreender alguns fatos); medo de todas as mudanças que ocorrem em função das perdas e dessa nova condição familiar.

Gonçalvez (1988) analisa que as crianças rapidamente aprendem as técnicas psicodramáticas e, de alguma forma, as utilizam a seu favor ou contra o terapeuta. Ela exemplifica essa questão com o caso de Jonathan, filho de Moreno e Zerka, que negocia com a mãe por meio do papel psicodramático. Não vejo isso como um problema. De fato, a criança apreende rapidamente as técnicas; mas elas não importam, e sim a necessidade de fazer uso em determinado momento – pode ser apenas um *acting out*[1]. Compreendo que durante o aquecimento ocorre apenas um extravasar de emoções; mas, no contexto dramático, a técnica tem uma função e espera-se que o psicoterapeuta não bloqueie a ação por entender que o comportamento não é adequado. Viver no "como se" o papel de um assassino não vai tornar a criança ruim; seria o mesmo que dizer que brincar de lutas, jogos e desenhos mais agressivos torna a criança mais agressiva.

Compreendo que, em algumas ocasiões, ocorre o oposto. O que é vivido e compartilhado no "como se" encontra lugar de expressão e vivência dessas emoções e sensações, possibilitando que a espontaneidade seja liberada e o fator tele prevaleça na relação.

---

1. Moreno introduziu em 1928 o termo *"acting-out"* para expressar o "atuar para fora aquilo que está dentro do paciente", contrapondo essa ocorrência à representação do papel teatral que é dado do exterior ao ator" (Gonçalves, 1988, p. 81).

A criança está em plena formação do Eu, que se constitui por meio dos papéis. Assim, jogar papéis é favorecer a espontaneidade, a criatividade e a construção de relações mais télicas; é possibilitar que a criança discrimine sua ação nos diversos papéis e nas diferentes relações. Jogar e inverter papéis possibilita à criança maior, a escolar, entrar em contato com aspectos desconhecidos do outro e da relação.

O próximo relato, da sessão do menino Antonio, de 10 anos, assemelha-se a uma sessão de adultos. Relato-a para apresentar as técnicas de *entrevista*, *assinalamento*, *concretização* e *inversão de papéis* e, ao mesmo tempo, para que se verifique a diferença na capacidade de uma criança da mesma idade em representar papéis.

Antonio chegou para a psicoterapia depois de férias escolares. Entrou na sala dizendo que tinha algo pra me contar: eventualmente, um pensamento o incomodava muito. Pergunta se eu assisto à determinada novela. Respondo que não, e ele conta que teve uma cena em que a mulher pegou uma faca e matou o marido. Diz que em sua casa tem uma faca igual àquela e que, a partir daí, começou a ter um pensamento:

Pegar a faca, ir até o quarto do pai que está dormindo e matá-lo. Essa ideia vem em muitos momentos e, por mais que pense em outras coisas, ela volta.

O psicoterapeuta propõe que isso seja dramatizado. O aquecimento é iniciado com a construção do cenário, que contém elementos espaciais, temporais etc. Demarcados os espaços importantes para a cena, o diretor entrevista o protagonista.

A *entrevista* é uma técnica verbal que consiste em o diretor (D) entrevistar o paciente (P) no papel dramático que desempenha. Tem a função de elucidar conteúdos intrapsíquicos, bem como lhe dar subsídios para assumir o papel de ego-auxiliar e contracenar com o protagonista.

D: Em que lugar da sala você está quando o pensamento vem?
P: Aqui sentado no sofá, olhando a TV.
D: Então, sente-se aí agora, assista à TV e vamos ver como é que o pensamento chega.
P: Ele vem de repente.
D: Deixe-o vir agora e fale alto como ele é e o que faz com você.
P: Como assim?
D: Diga como é que ele vem à sua cabeça, o que sugere.
P: Bom, o pensamento é que eu pego a faca e mato meu pai...
D: Como você faz isso?
P: Eu vou até o quarto dele, enquanto ele dorme, e eu dou uma facada na barriga dele...
(enquanto fala isso, vai se abaixando, afundando no sofá)
D: E o que você sente quando esse pensamento vem?
P: Não sei...
D: Conforme você foi falando, foi se abaixando, quase ficou deitado no sofá... O que sentiu?

Nesse momento o diretor fez uso da técnica verbal do *assinalamento*. Podendo também ser realizada pelo ego-auxiliar, essa técnica consiste em verbalizar ao paciente conteúdos que surgem por meio de imagens, movimentos, palavras ou expressões gestuais e colaboram para a compreensão e elucidação do conflito presente.

A: Não sei... Acho que tristeza.

T: Está certo. Agora eu vou fazer de conta que sou o seu pensamento e vou falar com você.

Assumo o papel de pensamento e fico em frente a ele, bem próximo.

Aqui é usada a técnica da *concretização*. Trata-se da representação de sensações, emoções, conflitos – ou seja, abstrações –, ou de objetos inanimados, partes corporais, doenças orgânicas, por meio de imagens, movimentos e falas dramáticos. Realizada pelo paciente ou pelo ego-auxiliar, ela permite a manifestação do que era simbolizado apenas verbalmente.

P: Eu estou aqui... Lembra da faca da novela? Tem uma lá na cozinha, igualzinha, vá lá, pegue-a e vá até o quarto do seu pai. Ele está dormindo, esfaqueie a barriga dele, vá, vá!

A: (calado)

P: Então, cara, eu estou aqui só pra te lembrar: pegue a faca lá na cozinha, vá até o quarto do seu pai, ele está dormindo, e esfaqueie-o na barriga.

A: (calado)

Aviso que vou sair do papel e voltar a ser a terapeuta.

T: Então Antonio, o pensamento está falando com você e você está quietinho...

A: Estou me distraindo com outra coisa, pensando em outra coisa.

T: E funciona assim?

A: Mais ou menos, na verdade não... Mas eu não sei o que fazer, então fico olhando os jogos...

T: Vamos voltar à cena.

Retomo o papel do pensamento.

P: Vamos, Antonio, não adianta se distrair com outra coisa, não. Eu estou aqui, vamos, vá lá na cozinha pegar a faca e matar seu pai.

Ele ignora o pensamento, procura se distrair, olhar para a TV, mas o pensamento entra na sua frente e repete sempre a mesma coisa.

Proponho que ele saia do seu lugar e represente o pensamento. Aqui usamos a *inversão de papéis.*

Ele (como P): Vá pegar a faca e matar seu pai...
Eu (no papel de A): (calado, procuro me distrair e ver TV)
P (A): Vá... Pegue a faca e mate...
A (T): (calado e afundado no sofá)

Peço para trocarmos novamente de papel, mas antes digo para ele pensar no que pode fazer agora, no nosso faz de conta e no que quer fazer com o pensamento, além de procurar distrair-se.

(O pensamento retoma sua fala.)
A: Pode parar, porque eu não sou louco.
(O pensamento continua.)
A: Eu não sou louco, N-Ã-O S-O-U L-O-U-C-O! (soletra cada letra)
Não quero que você venha, você me deixa triste.
(O pensamento insiste um pouco mais.)
Saio rapidamente do papel e digo que ele falou coisas importantes agora; peço que as repita e vá dizendo e fazendo o que mais puder.
A: Eu não sou louco, vá embora, vá se ferrar! O meu pai é a pessoa que eu mais amo e não vou fazer isso nunca! Vá embora, vá se ferrar! Se o pensamento fosse alguém, eu ia lutar igual ao UFC!
Pego uma almofada grande e falo que pode lutar.
Ela dá golpes com as mãos, chutes e depois a ignora. Retoma o mesmo movimento algumas vezes e depois a joga no canto, dizendo:
– Vá se ferrar!

Ele olha pra mim e diz:

– Meu pai é a pessoa que eu mais amo, como esse pensamento vem?
Nesse momento, já saiu do contexto dramático e retomamos o contexto grupal.
T: Às vezes, quando estamos tristes, vêm pensamentos desse tipo. Tem alguma outra coisa te preocupando ou te deixando triste?
A: Não, não sei...
T: Você tem pensado no seu avô que morreu? (esse foi um dos motivos pelos quais os pais procuraram a terapia)
A: Não. É aniversário dele dia 2 e o da minha avó é dia 3. Então eu sempre lembro dele no aniversário dela. (a sessão se passou no dia 31, dois dias antes)
T: Falta bem pouco. Sabia que quando a gente perde alguém que gosta muito, sempre que algo nos lembra dessa pessoa, como o aniversário dela, é comum a gente ficar mais triste?
A: Eu me lembro dele sempre que ouço uma música; só que ela é alegre, mas quando eu a ouço parece triste. No dia que meu avô morreu, meu pai ficou muito triste. Quando ele chegou em casa, eu o consolei um pouco... Ele estava muito, muito triste.
T: E no seu pensamento você ia ficar sem pai também.
A: É, mas o meu pai vai viver até 140 anos!
T: Parece que esse pensamento vem pra te deixar como seu pai está: triste, muito triste.

A cena traz a possibilidade da transformação e o corpo é a expressão do drama (Moreno, 1975). Para esse garoto, sair do mental e experimentar no corpo o que o pensamento lhe causava ajudou-o a identificar sentimentos e compreender seus significados. Massaro (1996, p. 20), discutindo a importância da cena, traz o lugar do corpo no psicodrama:

É no corpo que a espontaneidade se realiza, se expressa. É ele quem me coloca enquanto ser em situação. Na ação, o homem ganha consciência de seu projeto e pode se transformar [...].

Para o autor, a conquista simbólica do mundo, intermediada pela linguagem, se faz pelo corpo, por meio de sensações e percepções. O corpo funciona como um agente de conhecimento capaz de nos fornecer o imaginário e trazer à tona sentimentos, desejos e, por vezes, realizá-los. Massaro (1996, p. 35) complementa:

> [...] Pela e transcendendo a linguagem, o corpo traz codificações simbólicas oriundas de uma dobra do externo sobre nós mesmos, que nos permite manter relações com as coisas que nos rodeiam. Em outras palavras, os códigos que nos permitem contato com essa realidade externa encontram-se em nosso corpo.

Em cena, o corpo funciona como um centro virtual de ações, pois simboliza a existência e a realiza. A noção de temporalidade também é atribuída a ele, porque só se corporifica pelo presente e pelas percepções do momento; é agente de conhecimento na medida em que decifra o que se passa consigo por meio das sensações que produz. Também funciona como abertura, pois o corpo se abre ao fluxo criativo; e, na cena psicodramática, é ele que permite a explicitação do imaginário, transformando pensamentos em coisas, desejos, fantasias e sonhos. Desse modo, o conflito pode vir à tona por meio da ação espontânea, revelando o imaginário.

Para Antonio, o pensamento recorrente foi concretizado no "como se" dramático, que o permitiu agir sobre ele. Além disso, o garoto entrou em contato com as emoções que ele provocava, associando-as com sua história e suas relações afetivas. Pela ação dramática, ele deixou de ser um agente passivo do pensamento, aquele que apenas procurava subterfúgios para suportar o incômodo causado, e tornou-se ativo, conhecedor e dono de seus pensamentos e sensações do corpo.

Finalizo, assim, a análise sobre a dramatização como uma etapa da sessão psicodramática com crianças. As possibilidades não se encerram no que foi apresentado, mas acredito que os exemplos demonstraram que o trabalho com crianças não se diferencia muito do realizado com adultos, especialmente pela sessão de Antonio. A idade delas, como todos os psicodramatistas concordam, é um diferencial na prática psicoterápica. Crianças pré-escolares tomam papéis e os representam, mas não são capazes de inverter. Quando maiores, há mais possibilidade de criação e, consequentemente, de inversão de papéis.

Discuto a seguir a última etapa da sessão psicodramática, o compartilhar.

Compartilhar

A ÚLTIMA ETAPA DO psicodrama é o compartilhar, na qual os sujeitos presentes são convidados a expressar pensamentos, sentimentos e experiências pessoais vividas no trabalho psicodramático. Na psicoterapia de grupo cada um fala por si e não pelo outro. É uma etapa essencial, pois é o momento em que o protagonista retorna ao grupo e suas emoções são compartilhadas – ele tem a chance de ver a criação dramática repercutindo no outro (Moreno, 1983, 1999). Essa etapa se dá no contexto grupal, mas Perazzo (1996) faz uma discussão a esse respeito, ampliando seu alcance e qualificando outros momentos da sessão psicoterápica em que ela ocorre.

A etapa do compartilhar às vezes é considerada desnecessária ou inexistente por psicodramatistas contemporâneos (Alegre, 1982; Gonçalves, 1988; Petrilli, 2000). Avalio que ela existe, sim, e o que determina, em uma sessão psicodramática com crianças, sua explicitação verbal ou não é o próprio desenrolar dela. Além disso, concordo com Perazzo (1996), que diz que o compartilhar está presente em todas as etapas de uma sessão, e não somente na formal. O autor reflete que, já no aquecimento inespecífico, o compartilhar se dá em dois níveis:

> [...] coconsciente, por seu conteúdo manifesto e nível coinconsciente, apenas inferido, sem que haja uma explicitação do conteúdo latente, a trama oculta. É este processo de forças, o processo cocriativo, capaz de construir o caminho para a dramatização num mesmo projeto dramático, do qual também participam o diretor e os egos-auxiliares com suas subjetividades, tanto coconscientemente quanto coinconscientemente. (Perazzo, 1996, p. 2)

Esses conteúdos, ou seja, a subjetividade presente na criança e no terapeuta quando se inicia a sessão, compõem o projeto dramático. O encaminhar da proposta, seja ela um jogo, uma brincadeira, um desenho ou uma história, é coconstruído. Esse movimento de construção conjunta da proposta psicodramática perpassa o aquecimento inespecífico, o específico e se encaminha para a dramatização, possibilitando o compartilhar. O terapeuta transitará entre ser diretor e ego-auxiliar, e essa dupla função lhe oferece uma proximidade grande com a criança e com seus contrapapéis. A experiência com a criança já é em si um compartilhar e a sua explicitação se dá em vários níveis, não exclusivamente no verbal.

Na etapa formal do compartilhar, não importa se a criança verbaliza suas sensações ou não, pois o clima afetivo está presente e é compreendido por ambos. Às vezes, ouve-se apenas um "Foi legal", mas não importa se nem essas palavras surgirem após esse processo comum. O terapeuta, que desempenhou os papéis psicodramáticos como ego-auxiliar, pode explicitar o percurso a partir deles. A viabilização de um compartilhar constante, perpassando as sessões, é o que dá sentido, na prática, à concepção relacional contida na filosofia moreniana do momento. Perazzo (1996, p. 6) conclui que:

> [...] compartilhar, não importa de que modo, dependendo da qualidade com que se interpenetram coconsciente e coinconsciente num processo cocriativo, poderá ser a parte visível e vivida daquilo que a filosofia do momento de Moreno chamaria de encontro, ou o seu desencadeante possível no presente ou num ponto futuro.

Por meio dos exemplos a seguir, será possível descrever o compartilhar segundo essa conceituação e sua função na psicoterapia psicodramática infantil.

Na sessão com Giovanna, o terapeuta, ao assumir o primeiro papel psicodramático (sua irmã mais velha), compartilhava com a criança, embora não verbalmente, algo como: "Nós dois sabemos que é difícil para você entrar em contato com algumas coisas que acontecem na sua vida. Também tem sido difícil para mim poder te ajudar, mas vamos lá, não vamos ficar parados nisso porque você está sofrendo, sabemos disso. Vou começar representando sua irmã mais velha". Passada essa primeira mensagem e iniciado um processo de aquecimento específico, Giovanna diz claramente: "Você fez uma imitação barata da minha irmã". É como se dissesse: "Não pense que vai ser fácil, preciso de muito mais que isso, mas não desista de mim". O terapeuta traz, então, outro personagem para a ação: sua irmãzinha, mas um pouco diferente, mais crescidinha na linguagem. A situação fica implícita entre terapeuta e criança: "Sabemos que sua relação está difícil com a pequenininha e você tem coisas a dizer e a fazer com ela que só são possíveis aqui no nosso 'como se', então vamos lá!" A partir disso, começa a ação dramática. Esse processo inicial é uma forma de compartilhar, que se mantém no percurso da dramatização e, na etapa formal, é retomado verbalmente.

Depois de ela deixar pai, mãe e irmã mais velha amarrados e amordaçados e a irmãzinha isolada, encerramos a dramatização e retornamos ao contexto grupal. Arrumamos as almofadas e desfaz-se o cenário. Pergunto como foi fazer essa história, ela responde: "Legal". Eu digo o mesmo e compartilho o que senti, a partir dos papéis que desempenhei. Falo que não foi fácil fazer o papel dos familiares porque ela estava muito brava e todos apanharam muito. Digo que ficaram surpresos e assustados com a reação dela, pois não sabiam que ela estava tão brava e descontente. Como irmãzinha, eu tive medo e estava muito triste por ter ficado sozinha, no canto, sem poder brincar. Ela tem um semblante de entusiasmo, e sem dizer verbalmente dá a entender: "Eu avisei que não era para mexer comigo; posso até virar um monstro de brava. Adorei bater em todos de mentirinha, fazê-los sentir um pouco de medo, de dor; adorei fazer minha irmãzinha se sentir sozinha, também. Eu precisava disso e sei que aqui eu posso!"

As etapas do psicodrama ocorreram como numa sessão com adultos: aquecimento, dramatização e compartilhar. O diretor, quando faz uma associação da história ou aspectos dela com situações da vida real da criança, proporciona a reflexão e a elaboração desses conteúdos. Diferentemente das crianças menores, na idade de Giovanna já é possível distinguir realisticamente os fatos e fazer conexões importantes do que foi vivido no contexto dramático com o contexto social – ou seja, sua história real. Essa postura é compartilhada por Tassinari (1990).

No drama de "Afonsinho", quando retomamos o contexto grupal, Pedro diz: "É, essa história começou e terminou triste". Ele vivia um período difícil na vida familiar e, durante a história, o terapeuta, por meio dos contrapapéis, compartilhou pensamentos e sentimentos que condiziam com aspectos do contexto social e puderam ser apontados no contexto dramático. As cenas o possibilitaram identificar os sentimentos, entrar em contato com eles e explicitá-los.

Na história das duas famílias e dos primos, o psicoterapeuta pergunta, no contexto grupal, o que a menina achou da história e ela diz que achou um cocô – essa é uma resposta-padrão. O psicoterapeuta compartilha a partir do papel de primo, dizendo o quanto tinha sido difícil aquela situação para ele. Ela tratou o primo muito mal porque queria o seu brinquedo; ele chegou a ter raiva dela. A mãe dela lhe parecia brava demais, ele também não gostou da atitude dela. Mas percebeu também que a menina queria que a mãe lhe desse algo e não ele. Ele ficou triste por ter sido tratado daquela forma, mas não ligou muito ao saber que, quando a mãe lhe deu o presente, ela ficou satisfeita, feliz, porque sabia que era isso que ela queria. A mãe era muito importante e ela precisava que lhe desse coisas; ele também gostava de receber coisas da mãe dele. Ela ouve silenciosamente.

Seu compartilhar no aquecimento inespecífico foi expressar a ambiguidade – "Caguei na sua cabeça", enquanto fazia corações para o psicoterapeuta. No final da dramatização, com semblante de satisfação, diz que a história foi um cocô. Vivenciar no "como se" conflitos e contradições e ouvir o compartilhar do primo (que era seu igual) pôde auxiliá-la a refletir sobre seu lugar sociométrico na família, seu papel de filha nas relações com a mãe e com o pai, desejos e necessidades que surgem nessas relações e como ela tem lidado com isso, bem como as reações que incidem a partir de seu comportamento.

Na psicoterapia psicodramática infantil, o compartilhar segue o mesmo princípio da realizada com adultos: o do encontro, do projeto dramático sendo uma coconstrução de subjetividades. A subjetividade é explicitada pela ação, pelos pensamentos e sentimentos do paciente e do psicoterapeuta, na cena e fora dela – naquilo que a criança pequena não consegue fazer por si, recebe a ajuda do psicoterapeuta. Nas cenas imaginárias, os personagens que surgem como contrapapéis tomam vida por meio do ego-auxiliar e se colocam perante a criança, favorecendo a experimentação e a reorganização de novas possibilidades de relação em função da espontaneidade. As exigências do papel social, seus desejos e necessidades em conflito e contradição com as leis são revelados e transformados.

Referências bibliográficas

AGUIAR, M. *Teatro espontâneo e psicodrama*. São Paulo: Ágora, 1998.

ALEGRE, C. A. "Psicodrama para crianças". In: BUSTOS, D. M. *O psicodrama: aplicações da técnica psicodramática*. São Paulo: Summus, 1982, p. 182-91.

ALMEIDA, W. C. "Prefácio". In: PERAZZO, S. *Ainda e sempre psicodrama*. São Paulo: Ágora, 1994, p. 9-11.

_____. *Psicoterapia aberta*. São Paulo: Ágora, 2006.

AMERICAN Psychological Association (APA). *Dicionário de psicologia*. Porto Alegre: Artmed, 2010.

ANDRADE, A. S. "Psicodrama moreniano com alunos portadores de deficiência mental". In: GOYOS, A. C.; ALMEIDA, M. A. e SOUZA, D. (orgs.). *Temas em Educação Especial III*. São Carlos EdUFSCar, 1996, p. 568-74.

_____. "Uma abordagem psicodramática moreniana para o atendimento de crianças com dificuldades de aprendizagem nas séries iniciais da escolaridade". *Revista Brasileira de Psicodrama*, São Paulo: Febrap, v. 5, n. 2, 1997, p. 93-106.

_____. "Psicodrama aplicado a grupos de crianças com dificuldades de aprendizagem". *Temas em Educação em Saúde I*. Araraquara: Gráfica FCL/Unesp, 1999, p. 33-42.

ANZIEU, D. *Psicodrama analítico*. Rio de Janeiro: Campus, 1981.

ASSUNÇÃO, K. *Uma história do psicodrama e algumas reflexões*. (Monografia de conclusão de curso de formação em Psicodrama), Sociedade de Psicodrama de São Paulo e Pontifícia Universidade Católica de São Paulo, São Paulo, 2005.

AVELLAR, L. Z. *Jogando na análise de crianças: intervir – Interpretar na abordagem winnicottiana*. (Tese de Doutorado em Psicologia Clínica), PUC-SP, São Paulo, 2001.

BENEDITO, V. I.; BAPTISTA, T. T.; FRANÇA, M. R. C.; VERO, J. "Rematrizando a relação pais-filhos". In: GONÇALVES, C. S. (org.). *Psicodrama com crianças*. São Paulo: Ágora, 1988, p. 43-52.

BOCCALANDRO, M. P . R; PÉREZ-RAMOS, A. M. Q. "Clínica Psicológica 'Ana Maria Poppovic'. Notas sobre seu histórico e desenvolvimento atual". *Boletim Academia Paulista de Psicologia*, v. XXIV, 2004.

BOCCARDO, M. D. "Psicodrama e TDAH". In: PAYÁ, R. *Intercâmbio de psicoterapias: como cada abordagem psicoterápica compreende os transtornos psiquiátricos*. São Paulo: Roca, 2011, p. 337-45.

BOUKOBZA, C. "Situação de Hermine Von Hug-Hellmuth". In: BERGÈS, J. *L'enfant et la psychanalyse*. Trad. de Maria Aparecida Angélico Cabral. Paris: Édition Esquisses. Psychanalytique, 1993, p. 41-7.

CAILLOIS, R. *Os jogos e os homens: a máscara e a vertigem*. Lisboa: Cotovia, 1990.

CALVENTE, C. "Interpolação de resistências". In: MONTEIRO, R. (org.). *Técnicas fundamentais do psicodrama*. São Paulo: Brasiliense, 1993, p. 121-31.

CEPEDA, N. A.; MARTIN, M. A. F. *Masp 1970: o psicodrama*. São Paulo: Ágora, 2010.

CESARINO, A. C. "Brasil 70: psicodrama antes e depois". In: ALMEIDA, W. C. (org.). *Grupos: a proposta do psicodrama*. São Paulo: Ágora, 1999, p. 84-95.

CHAZAUD, J. *As psicoterapias da criança*. Rio de Janeiro: Zahar, 1977.

CONSELHO Federal de Psicologia (CFP). *Ano da psicoterapia: textos geradores*. Brasília: Conselho Federal de Psicologia, 2009.

CONTE, F. C. S.; REGRA, J. A. G. "Psicoterapia comportamental infantil: novos aspectos". In: SILVARES, E. F. M. (org.). *Estudos de caso em psicologia clínica comportamental infantil*. Campinas: Papirus, v. I, 2000.

COSTA, M. I. M. *A prática da psicoterapia infantil a partir do referencial teórico do psicodrama, gestalt terapia e abordagem centrada na pes-*

soa, sob as óticas de Bermúdez, Ferrari, Oaklander e Axline. (Dissertação de Mestrado em Psicologia Clínica), Universidade Católica de Pernambuco, Recife, 2003.

ECHÁNIZ, J., "La sessión de psicodrama com grupos de niños". *Cuadernos de Psicoterapia*. Buenos Aires, Genitor, v. V, n. 1, 1970, p. 53-9.

FERRARI, D. C. A. "A postura do psicodramatista no psicodrama de criança". *Revista da Febrap*, v. 7, n. 2, 1985, p. 55-60.

FERRARI, D. C. A.; LEÃO, H. M. G. "Psicodrama infantil: teoria e prática". *Revista da Febrap*, ano 6, n. 2, 1982, p. 50-64.

FILIPINI, R. O *"período das histórias da oncinha apaixonada" numa criança portadora da Síndrome de Asperger*. II Congresso de Psicodrama da Infância e Adolescência, Curitiba, 1994.

_____. *Grupo de apoio para crianças na situação de divórcio ou separação parental*. (Dissertação de Mestrado em Psicologia Clínica), PUC-SP, São Paulo, 2003.

_____. "Divórcio ou separação parental: sociodrama como intervenção nos períodos de transição e crise". In: FLEURY, H.; MARRA, M. (orgs.). *Intervenções grupais na saúde*. São Paulo: Ágora, 2005a, p. 35-52.

_____. "Psicodrama com crianças: algumas considerações sobre a prática". In: *Psicodrama: teoria e prática de Dalmiro M. Bustos*. São Paulo: Ágora, 2005b.

_____. "Psicodrama com crianças nas transições familiares". *Revista Brasileira de Psicodrama*. v. 13, n. I, 2005c, p. 117-26.

_____. "Reconfiguração sociométrica da família na contemporaneidade: os desafios de crianças e adolescentes". *Revista Brasileira de Psicodrama* v. 17, n. I, 2009, p. 35-49.

FONSECA, J. *Psicodrama da loucura*. São Paulo: Ágora, 1980.

_____. "Ainda sobre a matriz de identidade". *Revista Brasileira de Psicodrama*. v. 4, n. II, 1996, p. 21-34.

_____. *Psicoterapia da relação: elementos de psicodrama contemporâneo.* São Paulo: Ágora, 2000.

_____. "Onde está o reconhecimento do tele na matriz de identidade? Interseções entre Moreno e Lacan". *Revista Brasileira de Psicodrama,* v. 20, n. l, 2012, p. 115-34.

FREUD, A. *Infância normal e patológica: determinantes do desenvolvimento.* Rio de Janeiro: Zahar, 1971.

FREUD, S. "Análise de uma fobia em um menino de cinco anos". vol. X, 1909.

GARRIDO MATÍN, E. *Psicologia do encontro: J. L. Moreno.* São Paulo: Duas Cidades, 1984.

GOLDSMID, R.; FÉRES-CARNEIRO, T. "A função fraterna e as vicissitudes de ter e ser um irmão". *Psicologia em Revista,* Belo Horizonte, v. 13, n. 2, p. 293-308, dez. 2007.

_____. "Relação fraterna: constituição do sujeito e formação do laço social". *Psicologia USP,* São Paulo, v. 22, n. 4., out./dez. 2011.

GONÇALVES, C. S. "Técnicas básicas: duplo espelho e inversão de papeis". In: MONTEIRO, R. (org.). *Técnicas fundamentais do psicodrama.* São Paulo: Brasiliense, 1993, p. 19-31.

GONÇALVES, C. S.; WOLFF, R. J.; ALMEIDA, W. C. *Lições de psicodrama: introdução ao pensamento de J. L. Moreno.* São Paulo: Ágora, 1988.

GONÇALVES, C. S.; LAMAS, L. L (orgs.). *Psicodrama com crianças: uma psicoterapia possível.* São Paulo: Ágora, 1988.

GRAHAM, G. "Sociodrama as a teaching technique". *Social Studies,* v. 51, 1960, dez., p. 257-9.

HAZELTON, T.; PRICE, B.; BROWN, G. "Psychodrama, creative movement and remedial arts for children with special educational needs". *Association of Educational Psychologists Journal,* v. 5, p. 32-7.

HOZMAN, M. E. F.; SILVA, M. S. "Psicodrama aplicado à educação: diretrizes gerais para o desenvolvimento afetivo e psicomotor de alunos de 1º grau da Rede Municipal de Ensino de Curitiba". *Revista da Febrap*, v. 3, 1980, p. 24-6.

KAZDIN, A. E. "Treatment of antisocial behavior in children: Current status and future directions". *Psychological Bulletin*, 102, 1987, 187- -203.

KAUFMAN, A.; GONÇALVES, C. S. "Psicodrama moreniano com criança". In: GONÇALVES, C. S. *Psicodrama com crianças: uma psicoterapia possível*. São Paulo: Ágora, 1988, p. 65-75.

KESTEMBERG, R.; JEAMMET, P. *O psicodrama analítico*. São Paulo: Papirus, 1989.

KLEIN, M. *Psicanálise da criança*. São Paulo: Mestre Jou, 1969.

KNOBEL, A. M. *Moreno em ato: a construção do psicodrama a partir das práticas*. São Paulo: Ágora, 2004.

_____. "Em tempo presente: o coinconsciente". Artigo não publicado, 2009.

MALAN, D. *Psicoterapia individual e a ciência da psicodinâmica*. Porto Alegre: Artes Médicas, 1983.

MALAQUIAS, M. C. "Percurso do Psicodrama no Brasil: década de 40 – O pioneirismo de Guerreiro Ramos". *Revista Brasileira de Psicodrama*, São Paulo: Febrap, v. 15, n. 1, 2007, p. 33-9.

MARINEAU, R. F. *Jacob Levy Moreno, 1889-1974: pai do psicodrama, da sociometria e da psicoterapia de grupo*. São Paulo: Ágora, 1992.

MASSARO, G. *Esboço para uma teoria da cena: proposta de ação para diferentes dinâmicas*. São Paulo: Ágora, 1996.

MEZHER, A. "Um questionamento acerca da validade do conceito de papel psicossomático". *Revista da Febrap*, ano 3, v. 1, 1980, p. 221-3.

MIRA Y LÓPEZ, E. *Manual de psicoterapia*. São Paulo: Mestre Jou, 1967.

MORAIS, M. L. S., *O faz de conta e a realidade social da criança*. (Dissertação de Mestrado), Instituto de Psicologia da Universidade de São Paulo, São Paulo, 1980.

MORENO, J. L. *Fundamentos de la sociometria.* Buenos Aires: Paidós 1972.

_____. *Psicoterapia de grupo e psicodrama.* São Paulo: Mestre Jou, 1974.

_____. *Psicodrama.* São Paulo: Cultrix, 1975.

_____. *Fundamentos do psicodrama.* São Paulo: Summus, 1983.

_____. *O teatro da espontaneidade.* São Paulo: Summus, 1984.

_____. *Psicodrama.* São Paulo: Cultrix, 1987.

_____. *Quem sobreviverá? Fundamentos da sociometria, psicoterapia de grupo e sociodrama.* Goiânia: Dimensão, v.1, 2 e 3, 1992.

_____. *Psicoterapia de grupo e psicodrama.* Campinas: Livro Pleno, 1999.

MORENO, Z. T. *Psicodrama de crianças.* Petrópolis: Vozes, 1975.

MORENO, Z. T.; BLOMKVIST, L. D.; RÜTZEL, T. *A realidade suplementar e a arte de curar.* São Paulo: Ágora, 2001.

MOTTA, J. M. C. (org.). *Psicodrama brasileiro: história e memórias.* São Paulo: Ágora, 2008.

NAFFAH, A. *Psicodramatizar.* São Paulo: Ágora, 1980.

_____. *A psicoterapia em busca de Dioniso: Nietzsche visita Freud.* São Paulo: Educ/Escuta, 1994.

NARVAEZ, M. C. (1977) "Sicodrama en niños de 3 a 5 anos". *Cuadernos de Sicoterapia,* Buenos Aires: Genitor, v. 11, n. 1-2, v. 12, n. 1-2, p. 183- -98, Junio, 1976 – Mayo, 1977.

NAVARRO, M. P. "Caminhos e descaminhos do poder no psicodrama no Brasil". VI Congresso Brasileiro de Psicodrama, Salvador, 1988.

NERY, M. P.; CONCEIÇÃO, M. I. G. (orgs.). *Intervenções grupais: o psicodrama e seus métodos.* São Paulo: Ágora, 2012.

NUNES, M. L. T.; LHULIER, A. C. "Histórico da pesquisa empírica em psicoterapia". *Revista Brasileira de Psicoterapia,* v. 5, 2003, p. 97-112.

OLIVEIRA, I. T. "Psicoterapia psicodinâmica breve: dos precursores aos modelos atuais". *Psicologia: teoria e prática*, São Paulo, v. 1, n. 2, 1999, p. 9-19.

PAMPLONA DA COSTA, R. "A chegada do psicodrama no Brasil: sua história de 1960 a 1970". *Revista Brasileira de Psicodrama*, São Paulo: Febrap, v. 9, n. 2, 2001.

PAVLOVSKY, E. *Psicoterapia de grupo em niños y adolescentes*. Madri: Fundamentos, 1981.

PERAZZO, S. *Ainda e sempre psicodrama*. São Paulo: Ágora, 1994.

_____. "Compaixão e compartilhar". 10º Congresso Brasileiro de Psicodrama, Caldas Novas, Goiás, 1996.

_____. *Fragmentos de um olhar psicodramático*. São Paulo: Ágora, 1999.

PERES, V. L. A. "Psicodiagnóstico infantil: a utilização dos modelos psicanalítico e psicodramático". *Revista da Febrap*, ano 7, n. 3, 1981, p. 101-22.

PETRILLI, S. R. A. "Abordagem psicodramática de uma criança e seus pais". *Revista da Febrap*, ano 1, n. 6, 1984, p. 106-9.

_____. "A postura psicodramática em um processo de psicoterapia infantil e seu valor terapêutico familiar". *Revista da Febrap*, ano 7, n. 3, 1985, p. 83-100.

_____. "Notas sobre o psicodiagnóstico de crianças na prática psicodramática". 8º Congresso Brasileiro de Psicodrama, São Paulo, 1992.

_____. "Psicoterapia através da relação". In: FONSECA, J. *Psicoterapia da relação: elementos de psicodrama contemporâneo*. São Paulo: Ágora, 2000, p. 335-89.

_____. "Psicodrama com crianças: raízes, transformações e perspectivas". XIII Congresso Brasileiro de Psicodrama, Costa do Sauípe, Bahia, 2012.

PIAGET, J. *A formação do símbolo na criança*. Trad. Álvaro Cabral. Rio de Janeiro: Zahar, 1978.

PICHON-RIVIÈRE, E. *Teoría del vínculo*. Buenos Aires: Nueva Visión, 1985.

PORCHAT, I. *O que é psicoterapia*. São Paulo: Brasiliense, 1999.

PUTTINI, E. F. "O papel do professor da pré-escola: uma abordagem psicodramática". In: PUTTINI, E. F. *et al. Psicodrama na educação*. Ijuí: Unijuí, 1991, p. 61-93.

REBOUÇAS, R. M. S. "Os objetos intermediários e intra-intermediário na psicoterapia psicodramática infantil em um caso de transtorno global do desenvolvimento". In: FLEURY, H. J.; KHOURI, G. S.; HUG, E. (orgs.). *Psicodrama e neurociência: contribuições para a mudança terapêutica*. São Paulo: Ágora, 2008.

RIBEIRO, J. P. *Teorias e técnicas psicoterápicas*. Petrópolis: Vozes, 1986.

ROCHEBLAVE-SPENLÉ, A. M. *La notion de rôle em psychologie sociale*. Paris: Presses Universitaires de France, 1969.

RODEGHERI, V. L. *A psicoterapia em 23 periódicos nacionais: uma contribuição à história da psicologia no Brasil*. (Mestrado em Psicologia Social), PUC-SP, São Paulo, 2011.

ROJAS-BERMÚDEZ, J. G. *Introdução ao psicodrama*. São Paulo: Mestre Jou, 1970.

SOARES, F. C. "Psicodrama com crianças". Curso ministrado durante o 8º Congresso Brasileiro de Psicodrama, 1992.

SOUZA, R. M. "Os filhos do divórcio". In: MACEDO, R. M. (org.). *Terapia familiar no Brasil: o estado da arte*. São Paulo: APTF, 1995, p. 511-8.

_____. "A criança na família em transformação: um pouco de reflexão e um convite à transformação". *Psicologia Revista*, v. 6, 1997, p. 54-76.

_____. "As crianças e suas ideias sobre o divórcio". *Psicologia Revista*, v. 9, 1999, p. 103-20.

_____. "Depois que papai e mamãe se separaram: um relato dos filhos". *Psicologia: Teoria e Pesquisa*, v. 16, n. 3, 2000, p. 203-11.

_____. *Amor, casamento, família, divórcio... e depois, segundo as crianças*. São Paulo: Summus, 2006.

TASSINARI, M. "Psicodrama com crianças: uma introdução à teoria da prática". Anais do VII Congresso Brasileiro de Psicodrama. Rio de Janeiro: Febrap, 1990.

_____. "Avaliação diagnóstica em psicodrama com crianças". *Revista Brasileira de Psicodrama*, São Paulo: Febrap, v. 14, n. 2, dez. 2006, p. 13-21.

TEIXEIRA, R. P.; NUNES, M. L. T. "Psicoterapia: uma história sem registro?" *Revista Brasileira de Psicoterapia*, v. 3, n. 1, 2001, p. 55-64.

VYGOTSKY, L. S. *Formação social da mente*. Trad.: José Cipola Neto, Luis S. Menna Barreto e Solange C. Afeche. São Paulo: Martins Fontes, 1984.

WECHSLER, M.; NAKANO, T. C. *O desenho infantil: forma de expressão cognitiva, criativa e emocional*. São Paulo: Casa do Psicólogo, 2012.

WECHSLER, M. P. F. *Psicodrama e construtivismo: uma leitura psicopedagógica*. São Paulo: AnnaBlume/Fapesp, 1999.

_____. *Relações entre afetividade e cognição: de Moreno a Piaget*. São Paulo: AnnaBlume/Fapesp, 1998.

WIDLÖCHER, D. *Psicodrama infantil*. Petrópolis: Vozes, 1970.

www.gruposummus.com.br

IMPRESSO NA GRÁFICA sumago
sumago gráfica editorial ltda
rua itauna, 789 vila maria
02111-031 são paulo sp
tel e fax 11 2955 5636
sumago@sumago.com.br